公認アスレティックトレーナー専門科目テキスト

健康管理とスポーツ医学

編集・執筆者一覧

編　集
　赤間　高雄　　（早稲田大学）

執　筆　（掲載順）
　真鍋　知宏　　（杏林大学）
　渡部　厚一　　（筑波大学）
　小松　裕　　　（国立スポーツ科学センター）
　赤間　高雄　　（早稲田大学）
　土肥　美智子　（国立スポーツ科学センター）

日本スポーツ協会のスポーツ指導者資格の詳細については，日本スポーツ協会ホームページをご参照ください．
https://www.japan-sports.or.jp/coach/tabid63.html

発行に寄せて

　このワークブックは，公益財団法人日本スポーツ協会公認アスレティックトレーナーの資格取得を目指す皆さんが，アスレティックトレーナーとして備えるべき知識を習得するための教材として，自宅学習の充実を図るために作成したものです．

　アスレティックトレーナーとして必要とされる知識や技能は広い分野に及ぶため，限られた講習時間ですべてを身につけることは困難であり，自宅学習が必要不可欠です．

　そこで，このワークブックではテキストをもとにして各自でその内容について理解を深められるよう，テスト形式で構成していますので，テキストと併せて繰り返し学習することができます．ぜひ有効にご活用ください．

　競技者のパフォーマンスを高めるためのサポーターとして，主に競技特性に応じた技術面を担当するコーチ，そして医療を担当するスポーツドクターとともに，コンディショニングの専門家としてのアスレティックトレーナーに対する期待はますます高まってきています．

　そしてアスレティックトレーナーには，競技者を中心にコーチ，スポーツドクターや他のスタッフとの調整役も求められ，コミュニケーションスキルも必要となります．この意味で知識，技能を習得することはもとより，さまざまな役割を担う多くの関係者から信頼されるようヒューマニティを磨く努力を怠らないでください．自身と誇りを持って使命を全うするアスレティックトレーナーが多数誕生し，活躍してくれることを期待しております．

公益財団法人日本スポーツ協会　指導者育成専門委員会
アスレティックトレーナー部会長　河野一郎

　このワークブックは，専門科目テキスト第1巻の「アスレティックトレーナーの役割」と第9巻の「スポーツと栄養」を除いて，基本的にテキストに対応した形で分冊になっています．ただし，第2巻の「運動器の解剖と機能」と第3巻の「スポーツ外傷・障害の基礎知識」は併せて1分冊に，またテキストのない「スポーツ科学」についてはワークブックを作成し，自宅学習を補助するための原稿を新たに書き起こして掲載しています．

序　文

　このワークブックは，公益財団法人日本スポーツ協会公認『アスレティックトレーナー専門科目テキスト』第4巻「健康管理とスポーツ医学」の学習用として作成しました．

　「A．アスリートにみられる内臓器官などの疾患」では，各器官別に代表的な内科的スポーツ障害，アスリートに多い内科的疾患，およびアスリートで注意するべき内科的疾患についての知識を整理します．

　「B．感染症に対する対応策」では，スポーツ活動に関連して問題となる感染症について，病原体と症状，治療と対処方法，および感染経路と予防方法について理解を深めます．

　「C．アスリートにみられる病的現象など」では，特に注意が必要な内科的スポーツ障害である，オーバートレーニング症候群，突然死，過換気症候群，摂食障害などについて，実際的な知識を学習します．

　「D．特殊環境のスポーツ医学」では，高所や低酸素環境，高圧環境，暑熱環境，および低圧環境における障害とスポーツ活動における留意点，時差や海外遠征に関するスポーツ医学的知識について整理します．

　「E．年齢・性別による特徴」では，女性，成長期，および高齢者の生理的特徴を理解して，それぞれに生じやすい内科的スポーツ障害の予防について理解を深めます．

　「F．内科的メディカルチェック」では，スポーツ活動中の突然死事故を予防するためのメディカルチェックの方法について，運動負荷試験の実際を含めて学習します．

　「G．ドーピングコントロール」では，現在のスポーツ医学で主要な分野の1つであるドーピング防止について，目的，WADA規程，ドーピング検査，禁止物質，TUEなどについて理解を深めます．ドーピング防止規則は頻繁に改訂されますので，常に最新の情報を確認するように心がけてください．

　皆さんがこのワークブックを利用することによって，アスレティックトレーナーに必要なスポーツ医学内科系の知識を整理して効率的に習得できると考えています．

赤間高雄

目 次

A. アスリートにみられる内臓器官などの疾患

1. 循環器系疾患 ･･･ 2
2. 呼吸器系疾患 ･･･ 5
3. 消化器系疾患 ･･･ 9
4. 血液疾患 ･･･ 10
5. 腎・泌尿器疾患 ･･･ 11
6. 代謝性疾患 ･･･ 13
7. 皮膚疾患 ･･･ 17

B. 感染症に対する対応策

1. 呼吸器感染症 ･･･ 20
2. 血液感染症 ･･･ 23
3. 皮膚感染症 ･･･ 24
4. ウイルス性結膜炎 ･･･ 26
5. 海外遠征時に注意すべき感染症 ･････････････････････････････････････ 27
6. 各競技別ルールにみられる感染症対策 ･･･････････････････････････････ 28

C. アスリートにみられる病的現象など

1. オーバートレーニング症候群 ･･･････････････････････････････････････ 30
2. 突然死 ･･･ 31
3. 過換気症候群 ･･･ 35
4. 摂食障害 ･･･ 36
5. 減量による障害 ･･･ 37
6. 飲酒・喫煙の問題点 ･･･ 38

D. 特殊環境のスポーツ医学

1. 高所および低酸素環境下での身体への影響 ……………………………… 40
2. 高圧環境 ………………………………………………………………………… 41
3. 暑熱環境 ………………………………………………………………………… 42
4. 低温環境 ………………………………………………………………………… 43
5. 時差 ……………………………………………………………………………… 44
6. 海外遠征時の諸問題 …………………………………………………………… 45

E. 年齢・性別による特徴

1. 女性のスポーツ医学 …………………………………………………………… 48
2. 成長期のスポーツ医学 ………………………………………………………… 50
3. 高齢者のスポーツ医学 ………………………………………………………… 53

F. 内科的メディカルチェック ……………………………………………………… 56

G. ドーピングコントロール ………………………………………………………… 64

解答編 ……………………………………………………………………………………… 70

- 各設問末尾のページ番号は，設問に関する記述が掲載されている日本スポーツ協会公認アスレティックトレーナー専門科目テキストの該当ページ（本書の場合は，4巻 健康管理とスポーツ医学の該当ページ）を示します．

A アスリートにみられる内臓器官などの疾患

1 循環器系疾患

問1 病的および生理的左室肥大の成因および病態についてまとめた表の[　]に適切な語句を入れてみましょう．▶ p.2

	病的左室肥大		生理的左室肥大	
	求心性	遠心性	求心性	遠心性
負荷様式	圧負荷 後負荷	容量負荷 前負荷	[①] 後負荷	[②] 前負荷
負荷因子	高血圧 大動脈弁狭窄症	逆流性弁膜症	[③]	[④]
心形態	壁厚増大，心筋細胞壊死，線維化	内腔拡大，壁厚減少，心筋壊死を伴う	壁厚の増大，毛細血管密度の増加	[⑤]
心機能	stiffness，収縮性の低下を伴う	収縮能の低下	[⑥]	[⑦]
心ポンプ機能	異常	異常	[⑧]	[⑨]
可逆性	[⑩]	[⑪]	[⑫]	[⑬]

問2 運動時の血行動態負荷様式について，圧負荷と容量負荷に分けて以下の表中に説明と競技名を入れてみましょう．▶ p.2

心臓への負荷	運動様式	競技名
圧負荷	①	②
容量負荷	③	④

A．アスリートにみられる内臓器官などの疾患

問3 生理的適応について，具体的な例を1つあげて説明してみましょう． ▶ p.2

具体例

説明

問4 下記のスポーツ種目を有酸素度，無酸素度の観点から分類してみましょう． ▶ p.3

アイスホッケー，アメリカンフットボール，アーチェリー，ウエイトリフティング，カヌー，クロスカントリースキー，ゴルフ，サイクリング，サッカー，シンクロナイズドスイミング，スピードスケート，ダイビング，テニス（シングル），テニス（ダブルス），バスケットボール，バドミントン，バレーボール，ビリヤード，フェンシング，ボウリング，ボクシング，ボート，マラソン，ラグビー，レスリング，滑降，空手，弓道，剣道，柔道，水泳，体操，卓球，中距離走，投擲，野球

		有酸素度		
		低	中	高
無酸素度	低	①	②	③
	中	④	⑤	⑥
	高	⑦	⑧	⑨

問 5 左室負荷による心臓の形態変化について，説明してみましょう． ▶ p.3

圧負荷

容量負荷

問 6 臨床的には心不全の指標として用いられ，また，中高齢者の競技者の心臓ポンプ機能評価においても重要な指標である，心臓から分泌されるホルモンは何というでしょうか． ▶ p.4

問 7 トレーニングにより循環血液量が増加するメカニズムを説明してみましょう． ▶ p.4

①
②
③

問 8 運動による代謝系への好ましい影響について，4つあげてみましょう． ▶ p.4

-
-
-
-

問 9 運動後受攻期について，説明してみましょう． ▶ p.4

問10 トップアスリートにおいて安静時心拍数は 30～40 回/分程度ですが，病気である洞機能不全症候群と区別するのはどのような点に注目すればよいかを説明してみましょう． ▶ p.4-5

問11 内因性心拍数について，説明してみましょう． ▶ p.5

問12 競技者に対する運動負荷心電図検査において，留意しなくてはならないことをあげてみましょう． ▶ p.5

2 呼吸器系疾患

問1 呼吸器の解剖について，図中の空欄にそれぞれ適切な語句を入れてみましょう． ▶ p.7

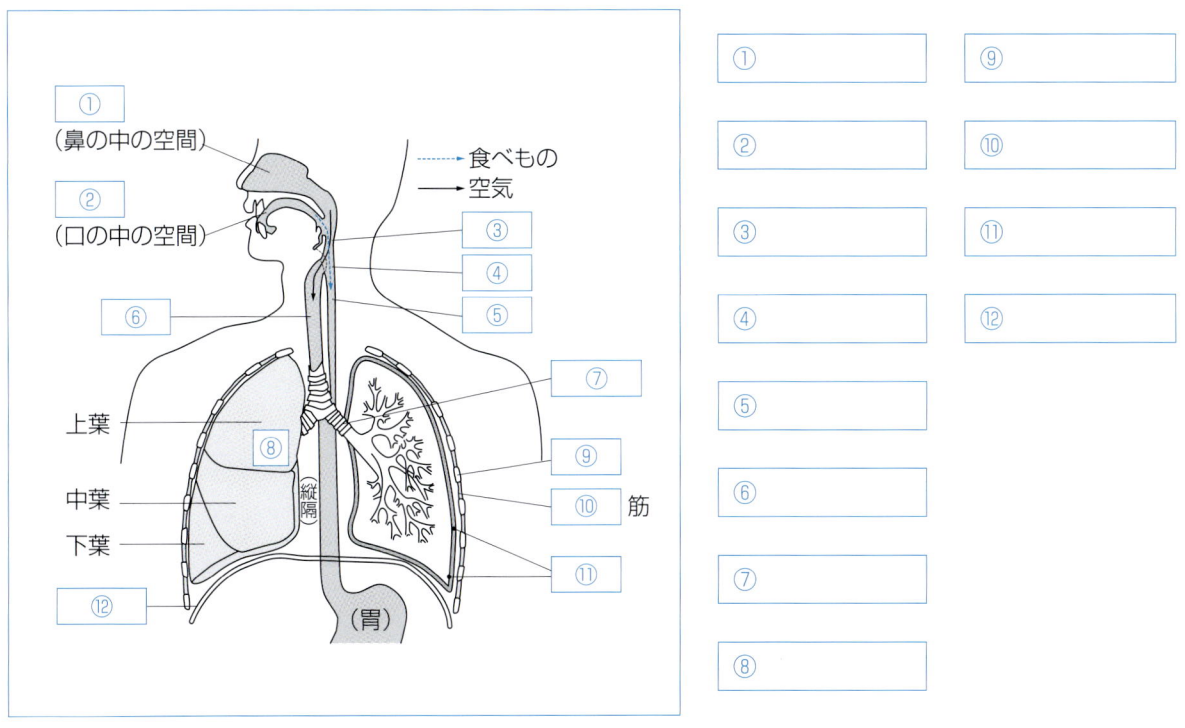

問 2 体内での酸素の運搬とアスリートの運動時の呼吸循環について，以下の_____に適切な数字を入れてみましょう． ▶p.7

1. 肺胞より毛細血管に取り込まれた O_2 は，赤血球内ヘモグロビンに直ちに結合する．ヘモグロビン 1g は_____ml の酸素を結合できる．

2. 血液ヘモグロビン濃度 15g/dl の場合，血液 100ml は約_____ml の酸素を末梢組織に運搬する．

3. 競技者の安静時分時心拍出量，分時換気量はともに_____l であるが，最大運動負荷時にはそれぞれ_____l，_____l に達し，酸素摂取量は_____l に達する．

問 3 気管支喘息の定義について，以下の_____に適切な語句を選択肢から選んで入れてみましょう． ▶p.7

選択肢：咳，過敏，炎症，狭窄，呼吸困難，可逆，喘鳴

1. 気管支喘息は気道の慢性_____と種々の程度の気道_____と気道_____性，そして臨床的には繰り返し起こる_____，_____，_____で特徴づけられる．気道_____は自然，あるいは治療により_____性を示す．

問 4 競技者のパフォーマンスを低下させる呼吸器疾患について，以下の_____に適切な語句を入れてみましょう． ▶p.7

1. 呼吸器疾患のなかで，競技者のパフォーマンスを著名に低下させるものは，_____と_____である．

2. それ以外に，運動で_____，_____が発症したり，外傷による_____や出血性肺囊胞が発症したりする．これら疾患もパフォーマンスの低下をもたらす．

問 5 気管支喘息の増悪因子を，5つあげてみましょう． ▶p.7

- _____
- _____
- _____
- _____
- _____

など

問6 呼吸について，内呼吸とは何か，外呼吸とは何か，それぞれまとめてみましょう． ▶ p.7-8

内呼吸

外呼吸

問7 気管支喘息の症状の特徴について，簡単にまとめてみましょう． ▶ p.7-8

-
-
-
-

問8 運動誘発性気管支喘息や運動誘発性気管支攣縮と発症の誘因について，以下の _____ に適切な語句を選択肢から選んで入れてみましょう． ▶ p.8-9

選択肢：冷，不十分，温，プロスタグランジン，乾燥，気圧，浸透圧，ロイコトリエン，湿潤，横紋，平滑，可逆，過敏，十分，換気量，肺活量

1. 運動誘発性気管支喘息は気道 _____ 性の1つの表現で，気管支喘息のコントロールが _____ なために出現しやすい喘息発作と考えられる．

2. 運動誘発性気管支攣縮は _____ が大きく，かつ _____ たく，_____ した空気を吸入することにより発症しやすい．気道の _____ 変化により _____ が生成され，気管支 _____ 筋が攣縮した結果，気道内径が減少する．

問9 運動誘発性気管支攣縮について，まとめてみましょう． ▶ p.8-9

-
-
-
-
-

問 10 気道過敏性検査などについて，以下の_____に適切な語句を入れてみましょう．▶ p.9

1. 気管支喘息の特徴の1つは気道過敏性の_____である．気管支収縮薬である_____を吸入後，_____を測定し，ステロイド未吸入者では_____が20％低下する際の吸入薬剤濃度が4,000 μg/mℓ以下を陽性とする．

2. 気管支拡張作用のあるβ₂作用薬吸入後に_____を測定し，最低値に対し15％以上の改善を認めた場合には，気道_____性試験陽性と判断できる．

3. したがって，検査前より気管支喘息症状がすでに認められる場合には，_____試験は行わず，β₂作用薬吸入による気道_____性試験を行う．

問 11 気管支喘息の治療方針について，簡単にまとめてみましょう．▶ p.9-11

薬物療法
-
-
-

理学的治療法
-
-

運動時の救急処置
-
-
-
-

問 12 過換気症候群の病態について，以下の_____に適切な語句を入れてみましょう．▶ p.11

1. 過換気発作とは深く速い呼吸が発作性，_____性に出現し，その結果，呼吸器系，循環器系，神経系，筋・骨格系，消化器系症状および精神症状を引き起こすものである．各種症状が，_____，_____などをさらに強め，本症例に誤った対処をとらせ，これがさらに過換気を増長させる．

2. 換気亢進の機序の1つは生体内で産生された_____を排出するためであるが，この代謝要求を上回る換気が持続した結果，_____が異常に排出され，各種症状が出現する．

3. 症状の多くは低_____血症，急性呼吸性_____が基盤になって出現すると考えられる．

4. 過換気発作を引き起こす＿＿＿＿的疾患は多数あるが，過換気症候群とは，一般に＿＿＿＿的疾患がなく，＿＿＿＿を繰り返すものを指す．

問13 過換気症候群の症状について，整理してみましょう． ▶ p.11-12

呼吸器系	①
循環器系	②
筋・骨格系	③
神経系	④
消化器系	⑤
精神系	⑥

3 消化器系疾患

問1 運動中や運動後に腹痛などの消化器症状がときとして出現することはよく知られています．運動時の腹痛を予防する対策について，以下の＿＿＿＿に適切な語句を入れてみましょう． ▶ p.13-14

1. 試合や練習の前には消化吸収のよいものをとり，イモ類などの＿＿＿＿を発生させやすいものは控える．

2. 運動中はこまめに＿＿＿＿を行い脱水を防ぐ．

3. 運動中の内臓の振動を抑えるために＿＿＿＿などを鍛える．

4. 十分な運動前の＿＿＿＿を行う．

問2 運動時にみられる消化器症状について，以下の＿＿＿＿に適切な語句を入れてみましょう． ▶ p.13-14

1. 同じ持久的競技でも，ランニング運動のほうがサイクリングや水泳などよりも運動時に腹部症状が出現する頻度が＿＿＿＿．通常，運動時の腹痛は運動後しばらくしてから＿＿＿＿．

2. 運動時の下痢に関して重要なことは，下痢が一時的でなく長期に続く場合には，下痢を引き起こすような＿＿＿＿の初期症状の可能性も考えて専門医を受診させることである．

3. 運動後の便潜血陽性は＿＿＿＿時間続くことがある．

問3 海外遠征時によくみられる腹部症状について，以下の_____に適切な語句を入れてみましょう． ▶p.14-15

1. 急性腸炎は感染性と非感染性に分けられる．感染性腸炎の原因としては，細菌，_____，原虫などがある．感染性腸炎の場合には，_____，水様下痢を伴うことが多い．

2. 海外遠征時，水道水，野菜サラダ，火の通っていないもの，スポーツドリンクなどに入れる_____にも十分な注意をはらい，海外遠征時にはなるべく食事は_____で行う．

問4 急性肝炎について，以下の_____に適切な語句を入れてみましょう． ▶p.15-16

1. 急性肝炎では血液検査でAST（GOT）や_____（_____）が上昇する．

2. 激しい運動後などでは骨格筋の崩壊により肝障害がなくてもAST（GOT）が上昇することがある．この場合，肝障害との鑑別のために_____を同時に測定すればよい．_____が低値であるのにAST（GOT）が高い場合には肝障害が疑われる．

3. 急性肝炎の原因として，肝炎ウイルス感染やその他のウイルスによるもの，_____，_____，アルコール性肝障害，脂肪肝，自己免疫性肝障害などがある．

4. 肝炎ウイルスのうちA型肝炎ウイルスは_____に，B型・C型肝炎ウイルスは血液・体液を通して感染が成立する．

5. 伝染性単核球症（EBウイルス感染による急性肝障害）では高度の_____を伴うことが多く，胸部，腹部を強く殴打する可能性があるい接触スポーツは_____が改善するまでは避けたほうがよい．

6. 急性肝炎初期に倦怠感，食欲不振などの症状や，_____（眼の白眼の部分が黄色くなる）を認める場合には安静が必要である．

4 血液疾患

問1 貧血の症状として，動悸，息切れ，顔面蒼白が起こる理由を説明してみましょう． ▶p.17

| 問 2 | スポーツ活動に関連して貧血が起こりやすい理由を2つあげ，説明してみましょう． ▶ p.18 |

-
-

| 問 3 | 鉄欠乏性貧血の治療はヘモグロビンが正常化した後もしばらく継続する必要があります．その理由を説明してみましょう． ▶ p.19-20 |

| 問 4 | スポーツ貧血の予防について，食事の注意点をまとめてみましょう． ▶ p.20 |

5 腎・泌尿器疾患

| 問 1 | 運動後に尿の色が赤色～赤褐色になる原因は3つに分類されます．その名称をあげて，それぞれの原因，症状，処置についてまとめてみましょう． ▶ p.21-23 |

・　　　　　　　　　尿

原因：

症状：
処置：

・　　　　　　　　　尿

原因：

症状：
処置：

・　　　　　　　　　尿

原因：

症状：

処置：

問2 運動によって起こる横紋筋融解症の症状と予防策をまとめてみましょう．▶ p.23

症状
-
-
-
-

予防策
-
-
-

問3 運動後に蛋白尿がみられた場合には，どのような対処が必要でしょうか？▶ p.24-25

問4 運動時の水分摂取について，以下の_____に適切な数字を入れてみましょう．▶ p.26

1. 運動中および運動前後の水分摂取量の目安として，アメリカスポーツ医学会では，運動2時間前に_____〜_____ml を摂取し，運動中は15〜20分ごとに_____〜_____ml を摂取すべきとしている．ただし，発汗量は個々の競技者や環境条件によって異なるので，これらは目安でしかないことに注意する．運動前後で体重を測定し，体重減少が_____%以下になるように水分を摂取していれば適切である．

6 代謝性疾患

問 1　糖尿病について，以下の_____に適切な語句を入れてみましょう．▶ p.28

1. 糖尿病は_____型と_____型の2種類に大別される．

2. 1型糖尿病は膵臓の_____分泌細胞が破壊され，体内の_____が欠乏するために起こる．_____より発症することが多く，治療には_____が不可欠である．

3. 2型糖尿病には_____の分泌量が低下して起こるものと，_____や_____などの細胞の_____に対する反応性（感受性）が低下するために起こるものがある．食事や運動などの_____が関係し，わが国の糖尿病の_____％以上はこのタイプである．

問 2　糖尿病の症状について，以下の_____に適切な語句を入れてみましょう．▶ p.28

1. 糖尿病の症状は高血糖に由来し，血液の_____が上昇して，_____が生じ，_____，となる．また，血液にたまったブドウ糖を尿に排出するのに多量の尿が必要となるため，_____が認められる．

2. 細胞ではブドウ糖がエネルギー源として利用できないため，_____や_____が生じ，高血糖が高度になると_____状態になることもある．

3. 高血糖が慢性に続くと全身の血管が傷害され_____症，_____症，_____症などの合併症が生じる．大きな血管が障害されると_____や_____といった命にかかわる疾患の原因となる．

問 3　骨格筋細胞内でのエネルギー代謝について，図の空欄に適切な語句を入れてみましょう．▶ p.29

問 4　2型糖尿病と運動について，以下の＿＿＿＿に適切な語句を入れてみましょう．▶ p.29

1. 2型糖尿病では，＿＿＿＿＿＿＿＿分泌はある程度保たれており，＿＿＿＿＿に伴う＿＿＿＿＿＿＿＿感受性の低下が原因となって起こる糖尿ではむしろ＿＿＿＿＿＿＿＿の血液中濃度は高いことが多い．

2. 運動は＿＿＿＿＿筋での＿＿＿＿＿＿＿＿＿＿の感受性を改善する効果があるため，2型糖尿病では＿＿＿＿＿は血糖値を改善するための有効な手段である．

3. 2型糖尿病患者でも内服薬や＿＿＿＿＿＿＿＿＿＿を使用している場合には，運動後の＿＿＿＿＿に注意しなければならない．

問 5　糖尿病の以下の①～⑤について，それぞれ簡潔に説明してみましょう．▶ p.29

ケトーシスとは	①
低血糖とは	②
低血糖を起こしやすい糖尿病患者は1型か2型どちらか	③
運動後どのような時間帯に低血糖を起こしやすいか	④
運動時の低血糖防止対策を2つあげてみよう	⑤

問 6　糖尿病患者の運動処方のポイントをまとめてみましょう．▶ p.29-30

-
-
-
-
-
-

A．アスリートにみられる内臓器官などの疾患

問7 糖尿病患者の運動療法を行う際の以下の場合について，例をあげてみましょう． ▶ p.30

注意して運動を行わせる必要がある場合
-
-
-
-
-

など

運動禁忌の場合
-
-
-
-
-

など

問8 肥満症に関連し減量を要する健康障害を列記してみましょう． ▶ p.30

-
-
-
-
-

-
-
-
-

問9 肥満と肥満症について，以下の項目について整理してみましょう． ▶ p.30

肥満とは	①
BMIとは	②
自分のBMIを計算してみよう	③
BMIによる肥満の基準	④
肥満症とは	⑤

問10 メタボリックシンドロームについて，以下の言葉を用いて説明してみましょう． ▶ p.30-31

皮下脂肪型肥満，内臓脂肪型肥満，高血圧，糖尿病，動脈硬化，高脂血症，ウエスト，脂肪細胞，生理活性物質，脳梗塞，心筋梗塞，ウェスト／ヒップ比，CT

6．代謝性疾患

問 11　肥満症と運動について，以下の項目について簡単にまとめてみましょう． ▶ p.31

治療としての運動
-
-

運動の制限および禁忌
-
-

問 12　痛風について，以下の言葉を使って説明してみましょう． ▶ p.31

痛風，結晶，プリン体，尿酸，関節，炎症，発作，結節

問 13　高尿酸血症の原因について，3つの原因から整理して述べてみましょう． ▶ p.31-32

摂取過剰

産生過剰

排泄低下

問 14　高尿酸血症や痛風の予防についてのポイントを運動との関係も含めて整理してみましょう． ▶ p.32

A．アスリートにみられる内臓器官などの疾患

7 皮膚疾患

問1 運動による皮膚への負荷について，以下の _____ に適切な語句を入れてみましょう．
▶ p.33-34

1. 運動によるトラブルで最も多い皮膚疾患は _____ である．スポーツを行う環境による皮膚のトラブルの主な原因には _____，_____，_____ があり，疲労による皮膚のトラブルには _____，_____，_____ がある．また運動による大量の汗により，状況によっては _____ などを起こすこともあるので，適切な衣類や靴下などの選択も重要である．このように皮膚の健康管理は体全体のコンディショニングを良好にするうえでも大切なことである．

問2 皮膚は"自己と他を区別する"（皮膚より内側が自分である）という役割だけではなく，"人体の最外層にあって，体を守る"という生命維持に大事な働きをしています．その働きをあげてみましょう．
▶ p.33

①
②
③
④
⑤
⑥
⑦
⑧
⑨
⑩
⑪
⑫
⑬

問3
アスリートによくみられる下記の皮膚トラブルについてその原因，予防と対策についてまとめてみましょう． ▶ p.34-37

皮膚のトラブル	原因	予防と対策
まめ，靴ずれ	①	②
たこ・うおのめ	③	④
爪下血腫（爪の血豆）	⑤	⑥
陥入爪	⑦	⑧
皮膚の外傷	⑨	⑩
虫刺され	⑪	⑫
蕁麻疹	⑬	⑭
接触皮膚炎（かぶれ）	⑮	⑯
日光皮膚炎（日焼け）	⑰	⑱

問4
皮膚の外傷における消毒について，最近の考え方について述べてみましょう． ▶ p.36

-
-

A．アスリートにみられる内臓器官などの疾患

B 感染症に対する対応策

1 呼吸器感染症

問 1 かぜ症候群の定義と原因微生物について，以下の _____ に適切な語句を入れてみましょう． ▶ p.38

1. 解剖学的に上気道は _____ から _____ まで，下気道は _____ より細気管支までを指す．上気道領域のさまざまな急性炎症性疾患を総称して _____ ，上気道から下気道にいたる急性炎症性気道疾患を _____ という．

2. 健常成人は1年間に _____ 回程度，かぜ症候群に罹患するといわれる．

3. 特に長距離選手や _____ 性競技者では _____ が多く発生することが知られている．

4. 原因の1つとして唾液や鼻汁の _____ 濃度低下があげられる．

5. 強度の高いトレーニングにより， _____ や _____ の分泌が亢進し， _____ 球機能を低下させることも示唆されている

問 2 運動量と上気道炎のリスクはどのような関係があるのか，グラフを完成させ，免疫能との関係も考察してみましょう． ▶ p.38

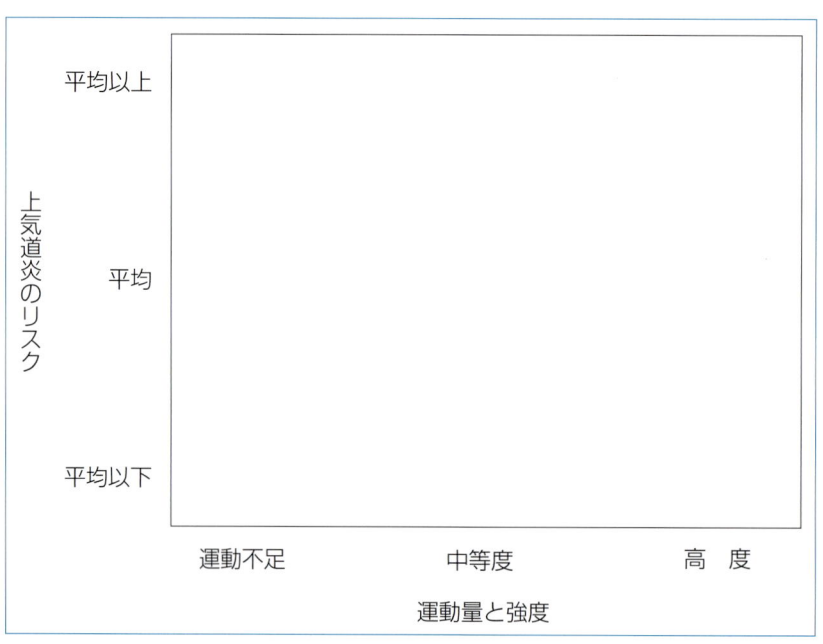

問3　呼吸器感染症の症状について，上気道と下気道に分けて整理してみましょう．　▶ p.38

上気道

-
-
-
-
- 　　　　など

下気道

-
-
-

問4　上気道炎に罹った場合のトレーニングの注意点をまとめてみましょう．　▶ p.39

-
-
-
-
-

問5　インフルエンザについて，以下の＿＿＿＿に適切な語句を入れてみましょう．　▶ p.39-40

1. インフルエンザウイルスはRNAウイルスで，抗原特異性によりA，B，Cの3型に分類されるが，＿＿＿型は臨床上問題とならず，通常の感染症は＿＿＿型と＿＿＿型によるものである．感染＿＿＿時間後にウイルス量はピークに達する．ウイルス表面に存在する2つの蛋白の型から，例えば＿＿＿＿＿のように亜型が表現される．

2. インフルエンザは，これに罹患している患者の＿＿＿や＿＿＿＿＿＿＿に伴う＿＿＿＿を吸入することによる飛沫感染であるため，患者の1m以内にいると，感染の危険性が高い．

3. 毎年，＿＿＿＿＿＿＿＿＿＿＿の季節が流行シーズンで，感染後＿＿＿＿＿＿日で，高熱をはじめ，気道症状や全身症状を呈する．通常は＿＿＿日間程度で症状は改善する．

問 6 インフルエンザの診断について，簡単にまとめてみましょう． ▶ p.40

```
・
・
・
```

問 7 新型インフルエンザについて，以下の_____に適切な語句を入れてみましょう． ▶ p.40

1. A型ウイルスのHAとNAは_____を毎年少しずつ繰り返しており，これを抗原連続変異という．

2. 豚の気道上皮細胞において，ヒトのインフルエンザウイルスと_____のインフルエンザウイルス間でRNA分節の交換が生じるとHAとNAの抗原は大きく異なる．これを抗原_____変異という．

3. これが_____インフルエンザウイルスとなり，世界的に大流行する可能性が大きい．

4. このような大流行として，1918年の_____かぜ，1957年のアジアかぜ，1968年の_____かぜがあげられる．

5. 一方，B型ウイルスはHAもNAも1種類で，_____は連続変異のみである．

問 8 インフルエンザの治療と予防について，簡単にまとめてみましょう． ▶ p.41-42

治療
```
・
・
・
```

予防
```
・
・
・
・
・
```

問 9 SARSについて，簡単に整理してみましょう． ▶ p.42-43

```
・
・
・
・
・
```

B. 感染症に対する対応策

2 血液感染症

問1 肝炎ウイルスなどについて，以下の _____ に適切な語句を入れてみましょう． ▶ p.44-45

1. 血液を介して感染する肝炎ウイルスとして代表的なのは，B型肝炎ウイルスと _____ 肝炎ウイルスである．しかし，その感染力には違いがあり，B型肝炎ウイルスに比べ _____ 肝炎ウイルスの感染力は _____ ．

2. 出生時あるいは乳幼児期にB型肝炎ウイルスに感染した場合にはウイルスを排除できず，その後，持続感染状態（生涯にわたりB型肝炎ウイルスが体の中に存在する状態）になることがある．このような人を _____ という．この場合，血液検査では _____ 陽性，HBc抗体が高力価陽性となる．

3. B型肝炎ウイルスキャリアの場合，定期的な血液検査が必要であるが，肝障害がなければスポーツを行うことに支障はない．ただし，「_____」は教育しておく必要がある．

4. B型肝炎ウイルスに対しては，感染を予防するための _____ があるので，医療従事者同様，血液に触れる機会がある競技者や関係者は _____ 接種を受けるべきである．

5. HIVウイルス（ヒト免疫不全ウイルス）は血液，体液を介して感染するが，その感染力はB型肝炎ウイルスやC型肝炎ウイルスに比べて _____ ．

問2 スポーツ現場における血液感染症への対処の仕方に関して，日々注意を払うべき重要な点を4つあげてみましょう． ▶ p.46

-
-
-
-

3 皮膚感染症

問1 皮膚の感染症にについて，以下の _____ に適切な語句を入れてみましょう． ▶ p.47

1. 皮膚の感染症は，その原因によって _____，_____，_____ に分類される．

問2 細菌感染症のメカニズムについて，簡単に述べてみましょう． ▶ p.47

問3 細菌感染症でよくみられる下記の皮膚のトラブルについて，その症状と処置についてまとめてみましょう． ▶ p.47-48

	症状	処置
創傷の化膿	①	②
膿痂疹（とびひ）	③	④
毛嚢炎・せつ（おでき）	⑤	⑥

問4
ウイルス感染症でよくみられる下記の皮膚トラブルについて，その症状と処置についてまとめてみましょう． ▶ p.48-49

	症状	処置
単純ヘルペス	①	②
伝染性軟属腫（水いぼ）	③	④
ウイルス性疣贅（ウイルス性いぼ）	⑤	⑥

問5
皮膚症状のある全身性ウイルス感染症に対する予防について，述べてみましょう． ▶ p.48-49

問6
真菌感染症でよくみられる下記の皮膚のトラブルについて，その症状と処置についてまとめてみましょう． ▶ p.49-50

	症状	処置
足白癬（水虫）	①	②
足以外の白癬	③	④
でんぷう（癜風）	⑤	⑥

問7 足白癬のチーム内感染，家族内感染の予防について，述べてみましょう． ▶ p.49-50

4 ウイルス性結膜炎

問1 ウイルス性結膜炎（はやり目）について，以下の_____に適切な語句を入れてみましょう． ▶ p.51

1. 結膜炎の原因として_____や_____によるものなど感染性のないタイプと，症状が強く急性で感染性の強いものがある．感染性結膜炎は原因によってさらに_____と_____に分けられるが，感染力の強さや経過の長い点で_____結膜炎のほうが重要である．

問2 咽喉結膜熱について，以下の_____に適切な語句を入れてみましょう． ▶ p.51

1. 咽頭結膜熱はアデノウイルス_____によって起こることが多い結膜炎で，_____とも呼ばれる．潜伏期は4〜7日，充血，眼脂，流涙などの結膜炎症状のほかに，_____の腫脹や圧痛，_____，ときには下痢や胃腸炎などの消化器疾患，出血性膀胱炎や脳炎など，多彩な臨床症状が出現することがある．

問3 スポーツにおいて結膜炎が急速に拡大する可能性があるのは，どのような理由のためでしょうか． ▶ p.51

問4 流行性角結膜炎について，以下の_____に適切な語句を入れてみましょう． ▶ p.51-52

1. 流行性角結膜炎はアデノウイルス_____型，_____型，_____型などによって起こる結膜炎である．潜伏期は約_____週間である．充血，眼脂，流涙，眼瞼腫脹のほか，症状が強いと，眼瞼結膜に白色の_____が張り，眼を開けにくくなることがある．

問 5
急性出血性結膜炎について，以下の_____に適切な語句を入れてみましょう． ▶ p.52

1. 急性出血性結膜炎は_____や_____の感染によって生じる．潜伏期は____日であり，対策をとる前に感染が広がるおそれがある．白目に_____を伴うことが多い．

問 6
アデノウイルス結膜炎を簡便に診断する方法は何といいますか． ▶ p.52-53

問 7
咽頭結膜熱，流行性角結膜炎，急性出血性結膜炎の登校基準について，説明してみましょう． ▶ p.53

	学校保健上の分類	登校基準
咽頭結膜熱	第二種学校感染症	①
流行性角結膜炎	第三種学校感染症	②
急性出血性結膜炎	第三種学校感染症	③

問 8
ウイルス性結膜炎罹患を予防するにはどのような点に留意すればよいでしょうか． ▶ p.53-54

接触感染予防
-
-

周囲の人がウイルス性結膜炎と診断されたとき
-
-
-

5 海外遠征時に注意すべき感染症

問 1
海外遠征時に注意すべき感染症について，以下の_____に適切な語句を入れてみましょう． ▶ p.55

1. 海外遠征中に罹患頻度の高い感染症は，_____と_____である．

問 2
下痢の対処方法と予防方法について，簡単にまとめてみましょう． ▶ p.55-56

下痢の対処方法

-
-
-
-

下痢の予防方法

-
-
-
-
-

問 3
海外に特有の感染症のうち，蚊に刺されることで感染する病気を4つあげてみましょう． ▶ p.56-57

-
-
-
-

6 各競技別ルールにみられる感染症対策

問 1
血液を介して感染する病気について，下記の競技を例に，競技中の感染予防対策をまとめてみましょう． ▶ p.58-59

ラグビー

-
-
-

サッカー

バスケットボール

レスリング

C アスリートにみられる病的現象など

1 オーバートレーニング症候群

問1　オーバートレーニング症候群について，以下の＿＿＿＿に適切な語句を入れてみましょう．
▶ p.60-65

1. オーバートレーニング症候群とは，スポーツの実施により生じた生理的な疲労が，十分な回復の過程をとられることなく，積み重ねられた結果として起こってきた＿＿＿＿＿＿＿＿＿＿の状態と考えられており，単なる「トレーニングのやりすぎ」ではない．

2. オーバートレーニング症候群はその臨床像の特徴から，＿＿＿＿＿＿＿＿＿＿と＿＿＿＿＿＿＿＿＿＿に分類される．

3. オーバートレーニング症候群は，予防および早期発見が重要であり，陥らないように適切な＿＿＿＿＿＿＿＿＿＿を作成することが必要である．

4. オーバートレーニング症候群の診断，重症度の判定として，一種の心理テストである＿＿＿＿＿＿＿＿＿＿が有用である．

5. オーバートレーニング症候群を予防するためのトレーニング処方として重要なことは，「各時点でのトレーニング強度およびトレーニング量が個人に適切なものであること」と「＿＿＿＿＿＿＿＿＿＿が十分にとられていること」である．

問2　オーバートレーニング症候群の徴候を5つ以上箇条書きにしてみましょう．▶ p.62

-
-
-
-
-

など

問3　オーバートレーニング症候群の予防のためには，トレーニングを含めた日常生活での変化に関して注意深く観察していくことが重要です．観察すべき日常生活内での変化を箇条書きにしてみましょう．
▶ p.62

-
-
-
-
-

など

C．アスリートにみられる病的現象など

2 突然死

問 1 突然死とは一般的にどのように定義されていますか．簡潔に説明してみましょう． ▶ p.66

問 2 若年〜青年競技者における突然死の原因となる疾患をそれぞれあげてみましょう． ▶ p.66-67

先天奇形

心筋症

不整脈

感染症

弁膜症

問 3 肥大型心筋症の臨床症状，典型的な心電図所見，心エコー検査での特徴について説明してみましょう． ▶ p.67-69

臨床症状

典型的な心電図所見

心エコー検査での特徴

問 4 肥大型心筋症とスポーツ心臓の区別はどのような点に注目して行うのでしょうか． ▶ p.68

問5
不整脈原性右室心筋症の臨床症状，典型的な心電図所見，心エコー検査での特徴について，説明してみましょう． ▶ p.69-71

臨床症状

典型的な心電図所見

心エコー検査での特徴

問6
左冠動脈起始異常が突然死の原因になりうるのはなぜでしょうか．以下の _____ に適切な語句を入れてみましょう． ▶ p.72

1. 典型的な冠動脈起始異常では左冠動脈が _____ から起始する．このため，左冠動脈主幹部が _____ 動脈と _____ 動脈の間を通過し，起始部の大動脈壁との角度が _____ 角となる．したがって，スポーツ中に左冠動脈が圧迫されて内腔狭小を招き，十分な血流を維持できなくなり，_____ の致死的不整脈や _____ を生じる．

問7
マルファン症候群の身体的特徴を挙げてみましょう． ▶ p.71-72

-
-
-
-
-
-
-
など

問8
マルファン症候群の約90%に認められる心血管病変をあげてみましょう． ▶ p.71-72

-
-
-
-
など

問9
メディカルチェックの際にマルファン症候群を特に疑う必要があるのは，どの競技種目でしょうか． ▶ p.71-72

問10 心電図の波形について，図中の①〜⑫までの [ ] にP〜Tの文字を入れてみましょう． ▶ p.72

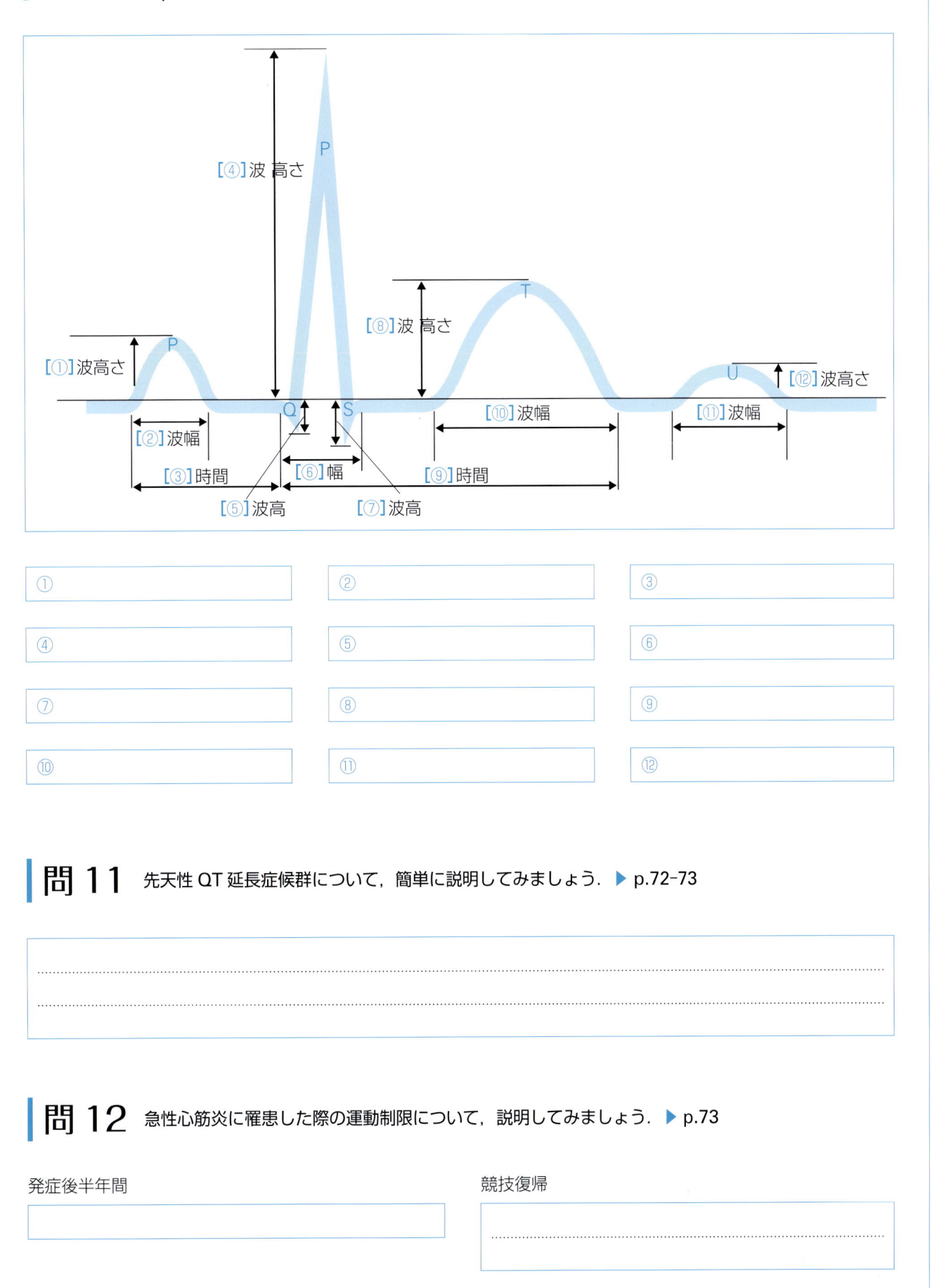

図中のラベル：
- [①] 波高さ（P波の高さ）
- [②] 波幅（P波の幅）
- [③] 時間（PQ時間）
- [④] 波高さ（R波（QRS）の高さ）
- [⑤] 波高（Q波）
- [⑥] 幅（QRS幅）
- [⑦] 波高（S波）
- [⑧] 波高さ（T波の高さ）
- [⑨] 時間（QT時間）
- [⑩] 波幅（T波の幅）
- [⑪] 波幅（U波の幅）
- [⑫] 波高さ（U波の高さ）

① _____ ② _____ ③ _____

④ _____ ⑤ _____ ⑥ _____

⑦ _____ ⑧ _____ ⑨ _____

⑩ _____ ⑪ _____ ⑫ _____

問11 先天性QT延長症候群について，簡単に説明してみましょう． ▶ p.72-73

_____
_____

問12 急性心筋炎に罹患した際の運動制限について，説明してみましょう． ▶ p.73

発症後半年間
_____

競技復帰
_____

2．突然死

問 13 潜在的な心疾患は通常の学校健診だけでは発見することが困難と考えられています．その理由を説明してみましょう． ▶ p.73

問 14 競技者の運動負荷心電図検査ではどのような点に注目して検査を行いますか．2つあげてみましょう． ▶ p.73

-
-

問 15 川崎病罹患後の競技者の心臓超音波検査ではどのような点に注目しますか．特徴的な所見を述べてみましょう． ▶ p.73

問 16 中高年のスポーツ中の突然死を予防するためには，どのような点に留意したらよいかを説明してみましょう． ▶ p.73

問 17 スポーツ中の突然死を予防するために，スポーツイベント主催者側はどのようなことに留意したらよいでしょうか．マラソン大会を例に説明してみましょう． ▶ p.73

-
-
-

3 過換気症候群

問 1 過換気を生じる過換気症候群以外の疾患にはどのようなものがあるか，以下の分類に従ってあげてみましょう． ▶ p.12, 74-75

スポーツ現場で認める疾患

-
-
-
-
-

など

呼吸器疾患

-
-
-
-

など

循環器疾患

-
-
-

脳神経疾患

-

代謝性疾患

-
-

薬物中毒

-
-
-

など

問 2 過換気症候群への対応について，簡単にまとめてみましょう． ▶ p.75-77

-
-
-

-
-
-

など

問 3 過換気症候群の現場での身体所見のチェックポイントをあげてみましょう． ▶ p.76

-
-
-
-

4 摂食障害

問 1 アスリートにみられる摂食障害の特徴について，以下の_____に適切な語句を入れてみましょう． ▶p.78-79

1. 摂食障害が多く認められる競技種目は_____，_____，_____，_____（_____），_____，_____，などで，これらは体重や体形が直接的に競技成績に影響を及ぼしたり，芸術的要素が強いという特徴を持っている．

問 2 摂食障害を有する競技者の特徴について，以下の_____に適切な語句を入れてみましょう． ▶p.79

1. 摂食障害を持つ人のパーソナリティとしてよくあげられるのは，_____，_____（_____），_____，_____，_____などである．

問 3 摂食障害を持つアスリートの発見について，以下の_____に適切な語句を入れてみましょう ▶p.79

1. _____は食事の後に行われることが多く，食後1人で席を立つことが多くみられる．また指に_____（_____）がみられることがある．

問 4 問2にあげた性格が，摂食障害に結びついていく背景はどのようなものか説明してみましょう． ▶p.79

| 問 5 | 摂食障害を持つアスリートの扱いについて，アスレティックトレーナーとしての適切な対応を述べてみましょう． ▶ p.80-81 |

5 減量による障害

| 問 1 | 減量を必要とする競技・種目をその目的により分類し，その主な競技・種目を述べてみましょう． ▶ p.82-83 |

目的①：	目的②：
競技・種目：	競技・種目：

| 問 2 | 減量方法について，以下の＿＿＿＿に適切な語句を入れてみましょう． ▶ p.83-84 |

1. 減量方法は大きく2つに分類され，1週間程度で行う＿＿＿＿＿＿＿＿＿＿と，栄養アセスメントに基づいて栄養摂取量と運動量を調整して1か月程度で行う＿＿＿＿＿＿＿＿＿＿がある．

| 問 3 | 減量による身体への悪影響について，簡単に述べてみましょう． ▶ p.83-86 |

-
-
-

| 問 4 | 発育期のジュニア選手における理想的な減量について，簡単に述べてみましょう． ▶ p.85 |

6 飲酒・喫煙の問題点

問1　喫煙と運動について，以下の_____に適切な語句を入れてみましょう．▶ p.87-88

1. タバコにはさまざまな有害物質が含まれるが，ガス成分として，一酸化炭素，_____，アセトアルデヒド，窒素酸化物などがある．

2. 一酸化炭素は酸素に比べて約250倍のヘモグロビン親和性を持ち，ヘモグロビンと結合したメトヘモグロビンが増大すれば酸素運搬能が低下し，_____に悪影響を及ぼす．

3. 喫煙は発癌のみならず，慢性閉塞性肺疾患（COPD），_____，脳卒中などの心血管障害の危険因子である．

4. 禁煙するには徐々に本数を減らすよりも，ある機会を契機にスパッとやめる_____が成功率が高いとされている．

問2　アルコールと運動について，以下の_____に適切な語句を入れてみましょう．▶ p.88-89

1. アルコールの摂取は強度の高い運動での筋パワーの_____が認められる．

2. アルコールは_____があるために脱水が起こりやすく，特に暑熱環境での長時間の運動では，運動能力および健康の観点から有害である．

3. アルコールの常用・濫用は身体にさまざまな悪影響を及ぼすが，筋損傷，筋疲労，筋力低下などの_____は心筋も含めたさまざまな筋で生ずる．

4. 世界アンチドーピング機構の禁止表国際基準では，いくつかの特定スポーツにおける競技会検査に限定して，アルコールが_____に指定されている．

D 特殊環境のスポーツ医学

1 高所および低酸素環境下での身体への影響

問1 高山病の診断について，以下の _____ に適切な語句を入れてみましょう． ▶p.91

1. 高山病の診断は _____ によるが，_____ での測定も有用であり，標高 2,000〜3,000 m では _____ 〜 _____ %），3,000m 台では _____ %，5,000m 台では _____ %まで低下する．

問2 急性高山病の症状について，下記の分類に従ってあげてみましょう． ▶p.91

脳神経系
-
-
-
-

呼吸循環器系
-
-
-
-

消化器系
-
-
-

問3 問2の症状から頻度の高いものを5つあげてみましょう． ▶p.91

-
-
-
-
-

問4 高山病で起こる浮腫と呼吸器症状，睡眠障害が起こる原因を説明してみましょう． ▶p.91

浮腫

呼吸器症状

睡眠障害

問5 高山病の予防について，簡単に述べてみましょう． ▶ p.91

- ....
- ....
- ....
-

2 高圧環境

問1 高圧環境や潜水について，以下の_____に適切な語句を入れてみましょう． ▶ p.92-94

1. 気体の圧力と体積の積は一定である（PV = C）．よって，人体内の空気は，水深10mでは体積は1/2となり，水深50mでは体積は1/6となる．この法則を_____という．

2. 気体や液体はどの方向からの圧力も常に一定の平衡状態が維持される性質がある．これを_____という．人体は液体と同様で，高圧曝露として増加した水圧は人体の軟部組織にも圧が加えられ平衡を保つ．

3. ダイバーにとって高圧環境だけでなく，_____も常に考慮すべき重要な要素である．

4. 潜水をすると_____になる．これは冷水による迷走神経反射によるものである．

5. 減圧症とは組織に溶解した_____が減圧によって過飽和状態となり，その度合いが進むと_____が形成され，これが血管内外に出現し，組織の変形，圧迫，血液循環の傷害をもたらすことによる障害である．

6. 減圧症を予防するためには，_____に従い減圧の手順を守ることであるが，高齢，二日酔い，疲労，ストレスなども要因となりうる．

7. 潜水による鼓膜穿孔を防ぐためには，鼻を押さえて空気を送りこみ，鼻腔に圧を加えて耳管を開く動作を行う．これを，_____という．

8. ダイビング事故の中で死亡率の高い原因の1つに＿＿＿＿＿＿＿＿＿＿がある．これは水中で何らかのパニックを引き起こし急速浮上する際に，浮上による圧の減少で肺内空気が過膨張し，肺破裂を起こし，破裂した肺胞から肺静脈に多量の空気が混入するために起こる．

3 暑熱環境

問1 暑熱環境下の運動と体温調節について，以下の＿＿＿＿＿に適切な語句を入れてみましょう．▶ p.95

1. 深部の体温は環境温度が変化しても一定に保たれるようになっている．これは体内での＿＿＿＿＿＿＿と＿＿＿＿＿＿＿が体温調節中枢によって平衡を保っているからである．

2. 熱放散は輻射，伝導，対流，蒸発といった物理的過程で行われるが，輻射，伝導，対流の効率は＿＿＿＿＿＿＿と環境温の差が関係し，蒸発には＿＿＿＿＿＿＿が関係する．

3. 運動時には＿＿＿で大量の熱が発生するが，激しい運動では安静時の10～15倍の熱が発生し，これは20～30分で体温を4℃上昇させる熱に相当する．

4. 高温環境の運動では大量の発汗が生じるため，水分を補給しないと＿＿＿＿＿＿になる．この＿＿＿＿＿＿は熱放散の効率を低下させる．

問2 熱中症を，熱けいれん，熱疲労，熱射病（重症）に分け，その病態や症状，対処法を簡潔に記述してみましょう．▶ p.95-96

	病態・症状	対処法
熱けいれん	①	②
熱疲労	③	④
熱射病（重症）	⑤	⑥

| 問 3 | 熱射病は死の危険が迫った緊急疾患であり，冷却の処置をしながら一刻も早く集中治療のできる病院へ運ぶ必要があります．救急車が到着するまでの間，どのようにして体温を下げるための冷却処置を行えばよいか，箇条書きにしてみましょう． ▶ p.95-96 |

-
-
-

| 問 4 | スポーツにおける熱中症は予防することが大事です．5つの重要なポイントの要点を述べてみましょう． ▶ p.96-97 |

-
-
-
-
-

4 低温環境

| 問 1 | 低温環境について，以下の_____に適切な語句を入れてみましょう． ▶ p.98-99 |

1. 低温環境ではウォームアップ終了後の適切なウエア選択により，いったん温まった_____を下げない衣服環境を作ることが重要である．

2. 組織温度の低下は運動能力にも影響するが，神経伝達速度は温度が上昇すると_____なり，軟部組織の伸張性は温度が高いほど_____なる．

3. 低温環境で長時間活動すると，手，指，足など，四肢の末梢が血流の減少により腫脹，うっ血，水疱，びらんを起こすことがあり，これは_____（_____）と呼ばれる．

4. 低体温症では，深部体温が32～35℃では，寒気や震え，細かい動作ができないなどの症状がみられるが，深部体温32℃以下では，筋硬直，呼吸や循環の低下，不整脈が出現し，ひどい場合には，_____や呼吸・循環不全を起こすことがある．

5. 低温環境では抗利尿ホルモンの分泌が減るために尿量が増加する．そのため，発汗は少なくても_____になる可能性があり，水分や電解質の補給にも注意しなければならない．

5 時差

問1 長時間の移動中の競技者が不快な症状を訴えた場合，具体的にはどのような症状がありますか． ▶p.100

・	・	・
・	・	・
・	・	・

など

問2 一般に時差ボケが生じやすいのは次のうちどちらでしょうか． ▶p.101

- 日本からアメリカ方面（東行き）
- 日本からヨーロッパ方面（西行き）

問3 時差ボケについて，以下の_____に適切な語句を入れてみましょう． ▶p.101

1. 時差ボケになると，_____，睡眠障害，_____，目の疲れ，_____，心身疲労，_____減退などが起こるため，競技者の_____への影響が考えられる．個人によって多少の差はあるが，正常な睡眠パターンを取り戻すまでには_____日かかるのが一般的である．

問4 概日リズム（サーカディアンリズム）について，説明してみましょう． ▶p.101

問5 時差ボケを予防するにはどのようにしたらよいでしょうか．機内対策，薬剤療法とその注意点，現地入り後の対策に分けて説明してみましょう． ▶p.101-102

機内対策

-
-

薬剤療法とその注意点

現地入り後の対策

| 東行き | |
| 西行き | |

6 海外遠征時の諸問題

問 1 メディカルスタッフが海外遠征の準備として行うべき事項を，箇条書きにしてみましょう．
▶ p.103-104

-
-
-
-

E 年齢・性別による特徴

1 女性のスポーツ医学

問1 性による筋力トレーニングの効果の差について，以下の＿＿＿＿に適切な語句を入れてみましょう． ▶ p.105

1. 性による筋力トレーニングの効果には差があるが，その主な原因は＿＿＿＿といわれている．＿＿＿＿には＿＿＿＿作用があり，筋肥大を促すからである．

問2 "女性アスリートの3主徴"といわれる医学的問題をあげてみましょう． ▶ p.105

-
-
-

問3 男性と比較した女性の解剖学的な特徴をあげてみましょう． ▶ p.105

-
-
-
-
-

-
-
-
-

問4 一般人と比較したアスリートの月経の特徴について，述べてみましょう． ▶ p.106

-
-
-
-

問5 女性に多い主なスポーツ障害をあげてみましょう． ▶ p.105-107

-
-
-
-
-

問6 拒食症の診断基準をあげてみましょう． ▶ p.107

・ ・ ・ ・	・ ・ ・ ・

問7 妊娠中のスポーツについて，許可の目安をまとめてみましょう． ▶ p.107-108

時期	
運動強度	
母体の心拍数	
その他の注意点	・ ・ ・ ・ ・

問8 骨粗鬆症のメカニズムについて，それぞれの番号に適切な語句を入れ図を完成させてみましょう． ▶ p.107

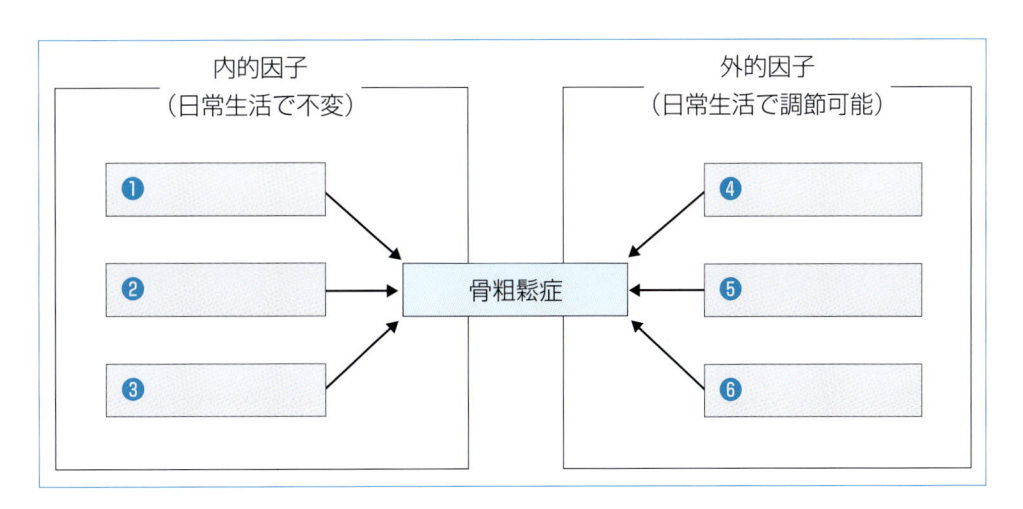

```
内的因子                          外的因子
（日常生活で不変）                （日常生活で調節可能）

  ❶ ──┐                        ┌── ❹
       │                        │
  ❷ ──┼──→ 骨粗鬆症 ←──┼── ❺
       │                        │
  ❸ ──┘                        └── ❻
```

問9 高齢女性においてスポーツを行う効果は何でしょうか．説明してみましょう． ▶ p.108

・
・
・

1. 女性のスポーツ医学

2 成長期のスポーツ医学

問 1 子どもの成長・発達について，以下の_____に適切な語句を入れてみましょう． ▶ p.109

1. 子どもの成長・発達には，一定の範囲で_____がある．特に，運動やスポーツを愛好する思春期は_____が著しいことが特徴であり，理解することが必要である．身長の伸びは_____の伸びを反映しており，_____によって_____する年齢が異なる．この前に過度の加重をかけると，骨や関節に_____が発生する危険性があることも，大切なスポーツ医学の基礎知識の 1 つである．

問 2 激しいスポーツと初経の発来にはどのような関係がありますか． ▶ p.109–110

問 3 子どもに対するスポーツ指導に際して，運動やスポーツの効用や効果を理解しておくことが重要です．どのような効用や効果が得られるでしょうか． ▶ p.110

-
-
-
-
-
-
-
-

問 4 運動誘発性気管支喘息児の運動時の指導はどのように行うのが適切でしょうか．説明してみましょう． ▶ p.110

運動のペース	
自己管理	
予防	・ ・ ・

| 問 5 | 食物依存性運動誘発性アナフィラキシーについて，説明してみましょう． ▶ p.110-111 |

| 問 6 | 突然死を起こす可能性のある代表的な小児心疾患名をあげてみましょう． ▶ p.111 |

-
-
-

-
-
-

など

| 問 7 | 理想的な子どものスポーツ指導の原則について，以下の_____に適切な語句を入れてみましょう． ▶ p.112 |

1. _____によって目的が異なり，最適運動やスポーツ種目が異なることを考慮し，最も有効な時期に最も有効な運動やスポーツを指導する．

2. 一種目でなく，_____やスポーツを行うように指導する．

3. 年齢に応じて楽しく，十分な_____をとりながら，_____を持たせるように指導する．

4. _____を発生させるような無理な指導や強要をしない．不幸にも_____が発生したら，早期に治療し，完治してからスポーツに復帰させる．

5. _____指導や_____指導も行う．

6. 小学生以上の子どもでは，学校で行われる検査や定期検診の結果を収集し，総合的な_____（含むメディカルチェック）を行う．

7. 目先の試合の成績や成果でなく，指導時には子どもの_____を熟知し，十分に時間をかけてやさしく指導する．

問 8 学校生活管理指導表にはどのような事項が記載されていますか. ▶ p.112

-
-
-
-

など

問 9 学校生活管理指導表の指導区分によって，許可される運動強度が異なります．この運動強度基準について，説明してみましょう. ▶ p.112

軽い運動	
中等度の運動	
強い運動	

問 10 現代っ子の特徴を理解しておくと，スポーツ指導において役立つこともあるようです．どのような特徴がありますか. ▶ p.113

-
-
-
-
-

-
-
-
-

など

問 11 子どものスポーツ指導者は，スポーツ医学を勉強し，技術的な指導だけでなく，トータルケア，健康教育を行うことが大切です．どのような健康教育を行うとよいでしょうか. ▶ p.113-114

-
-
-
-

-
-
-
-

など

問 12 欧米では「発育期のスポーツマン権利目録」があり，子どものスポーツ実施の際の基本的事項が記載されています．どのような権利があげられていますか． ▶ p.114

-
-
-
-
-
-
-
-
-
-

3 高齢者のスポーツ医学

問 1 高齢者のスポーツ医学について以下の＿＿＿＿＿に適切な語句を入れてみましょう． ▶ p.115

1. 筋パワーは加齢によって低下し，＿＿＿＿肢に比べて＿＿＿＿肢の低下が著しい．筋線維の種類では，加齢によって，＿＿＿＿＿線維よりも＿＿＿＿＿線維がより萎縮しやすい．

問 2 中高齢者における安全な運動プログラムの原則として，運動の種類ごとに運動強度の目安をまとめてみましょう． ▶ p.117

レジスタンス運動

-
-

全身持久性運動

-
-

F 内科的メディカルチェック

問 1

運動中，運動後に生体内で起こる事柄について，図の空欄（番号）に適切な語句を入れてみましょう． ▶ p.119

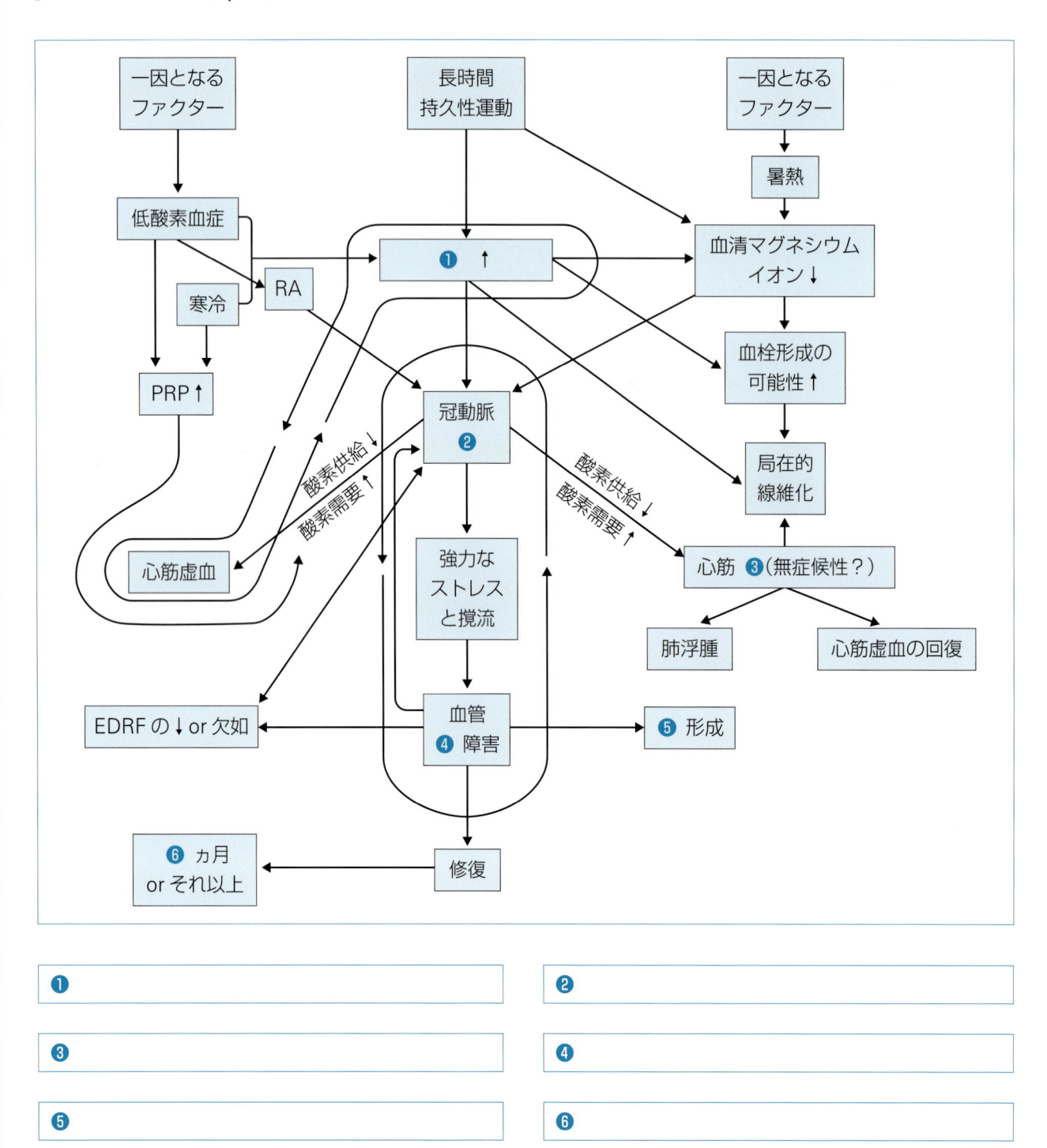

```
一因となる                長時間              一因となる
ファクター              持久性運動            ファクター
    │                    │                    │
    ↓                    │                    ↓
 低酸素血症               │                   暑熱
    │  ┌──RA────────┐    │                    │
    │  │            ↓    ↓                    ↓
  寒冷 │          ❶ ↑  ────────→  血清マグネシウムイオン↓
    │  │            │                         │
    ↓  │            │                         ↓
  PRP↑ │            ↓                     血栓形成の
       │          冠動脈                   可能性↑
       │           ❷                           │
       │                                       ↓
       │     酸素供給↓      酸素供給↓        局在的
       │     酸素需要↑      酸素需要↑        線維化
       │                                       ↑
    心筋虚血     強力な              心筋 ❸（無症候性？）
                ストレス                  │         │
                と撹流                    ↓         ↓
                  │                    肺浮腫   心筋虚血の回復
                  ↓
                血管
                ❹ 障害 ──────→ ❺ 形成
    EDRFの↓or欠如 ←──┘
                  │
                  ↓
                 修復
                  │
                  ↓
             ❻ ヵ月
             orそれ以上
```

❶ _____ ❷ _____

❸ _____ ❹ _____

❺ _____ ❻ _____

問2 スポーツ中の突然死の機序について，図の空欄（番号）に適切な語句を入れてみましょう． ▶ p.120

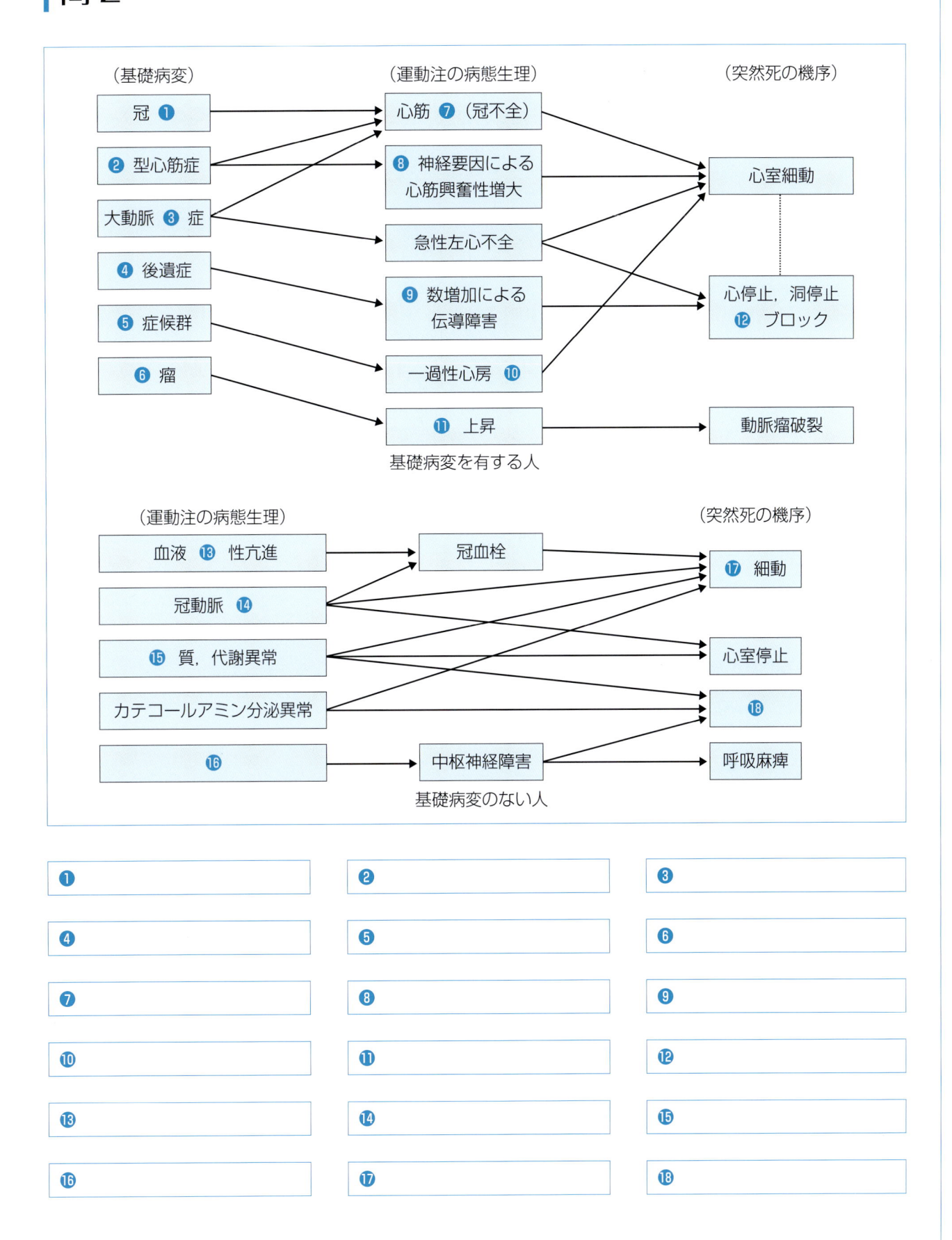

基礎病変を有する人

（基礎病変）
- 冠 ❶
- ❷ 型心筋症
- 大動脈 ❸ 症
- ❹ 後遺症
- ❺ 症候群
- ❻ 瘤

（運動注の病態生理）
- 心筋 ❼ （冠不全）
- ❽ 神経要因による心筋興奮性増大
- 急性左心不全
- ❾ 数増加による伝導障害
- 一過性心房 ❿
- ⓫ 上昇

（突然死の機序）
- 心室細動
- 心停止，洞停止 ⓬ ブロック
- 動脈瘤破裂

基礎病変のない人

（運動注の病態生理）
- 血液 ⓭ 性亢進
- 冠血栓
- 冠動脈 ⓮
- ⓯ 質，代謝異常
- カテコールアミン分泌異常
- ⓰
- 中枢神経障害

（突然死の機序）
- ⓱ 細動
- 心室停止
- ⓲
- 呼吸麻痺

❶ 　　　　　　　　　　　❷ 　　　　　　　　　　　❸

❹ 　　　　　　　　　　　❺ 　　　　　　　　　　　❻

❼ 　　　　　　　　　　　❽ 　　　　　　　　　　　❾

❿ 　　　　　　　　　　　⓫ 　　　　　　　　　　　⓬

⓭ 　　　　　　　　　　　⓮ 　　　　　　　　　　　⓯

⓰ 　　　　　　　　　　　⓱ 　　　　　　　　　　　⓲

| 問 3 | スポーツに関連した突然死の原因について，若年者と中高年者に分けて簡単にまとめてみましょう． ▶ p.118

若年者
-
-

中高年者
-
-
-

| 問 4 | 突然死の原因となる心臓疾患をいくつかあげてみましょう． ▶ p.118-119

-
-
-
-

-
-
-
-

など

| 問 5 | 突然死の前駆症状でよくみられるものを3つ以上あげてみましょう． ▶ p.120

-
-
-
-
-

-
-
-
-
-

| 問 6 | メディカルチェックの手順について，特に循環器を中心に整理してみましょう． ▶ p.121

問診
-
-
-

理学的所見
-
-

検査

-
-
-
-
-

など

運動負荷試験

-
-

問 7 運動負荷の方法について，強度と時間との関係を図を用いて分類してみましょう． ▶ p.122

問 8 メディカルチェックのための運動負荷試験の目的を箇条書きにしてみましょう． ▶ p.122

-
-
-
-
-

F．内科的メディカルチェック

問 9 図を見て，それぞれの機器の名称と負荷強度の指標，代表的なプロトコールをあげてみましょう． ▶ p.122-123

図A

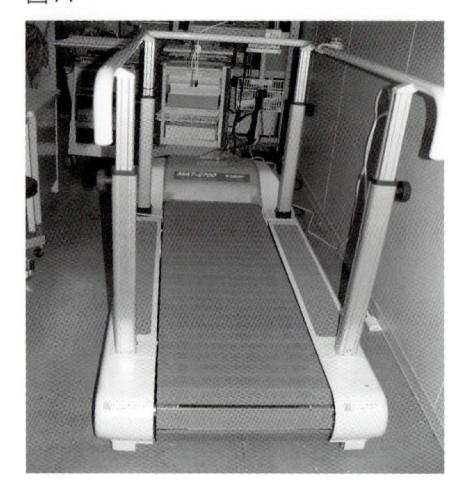

図B

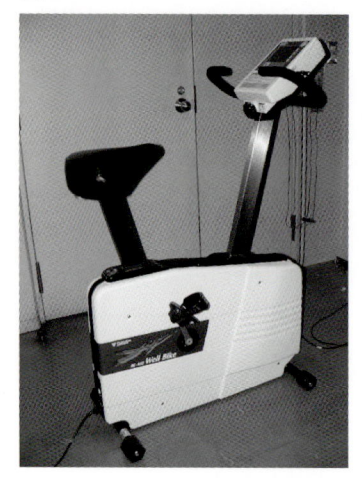

図A

名称：

指標：

プロトコール：

図B

名称：

指標：

プロトコール：

問 10 運動負荷試験を行う場所に常備すべき救急機器と医薬品をあげてみましょう． ▶ p.125

機器

-
-
-
-

医薬品

-
-
-
-
-
-
-
-

F．内科的メディカルチェック

問 11 運動負荷試験の絶対的禁忌と相対的禁忌について，整理してみましょう． ▶ p.125

絶対的禁忌

相対的禁忌

問 12 運動負荷試験のエンドポイントを，自覚症状と他覚所見から簡単に述べてみましょう． ▶ p.125

自覚症状

他覚所見

問 13 運動負荷試験結果を判定する際の心電図変化と血圧について，簡単にまとめてみましょう． ▶ p.126

問 14 運動プログラム参加前にメディカルチェックおよび運動負荷試験を受けるべき人を，中等度運動と激運動に分けてあげてみましょう． ▶ p.124

中等度運動

激運動

問 15 運動負荷試験時の電極装着部位をあげてみましょう． ▶ p.125

```
・
・
・
・
・
```

```
・
・
・
・
・
```

問 16 ST 部分の変化について 4 つのパターンをあげ，心筋虚血の可能性について整理してみましょう． ▶ p.126

問 17 運動負荷試験で異常を認めた場合の精密検査について，以下の_____に適切な語句を入れてみましょう． ▶ p.126

1. 運動負荷試験で_____の下降あるいは上昇を認め，心筋_____が疑われる場合には，運動負荷心筋_____や冠動脈_____検査などの精密検査を行っていく必要がある．

2. 重症度の高い不整脈が認められた場合には，器質的心疾患の有無を確認するために，_____検査や_____検査などが必要になってくる．

G ドーピングコントロール

問1 ドーピングが禁止される理由を3つあげてみましょう. ▶ p.127-128

-
-
-

問2 WADA規程がドーピングとして定義している8つのドーピング防止規則違反を説明してみましょう. ▶ p.128

1.
2.
3.
4.
5.
6.
7.
8.

問3 ドーピング検査の競技会検査と競技会外検査について，まとめてみましょう. ▶ p.129-130

ドーピング検査の種類	競技会検査	競技会外検査
検査対象の選出方法	①	②
禁止物質と禁止方法	③	④

問4 ドーピングコントロールにおける居場所情報について，まとめてみましょう. ▶ p.129

提出義務のある競技者

提出先

提出方法

居場所情報提出の不備によって，ドーピング防止規則違反となる場合

問 5 外因性蛋白同化男性化ステロイド薬と，内因性蛋白同化男性化ステロイド薬について，簡単に説明してみましょう． ▶ p.130

外因性蛋白同化男性化ステロイド薬

内因性蛋白同化男性化ステロイド薬

問 6 禁止物質を治療薬として使用することが多い疾患を3つあげてみましょう． ▶ p.132-133

-
-
-

など

問 7 提出された TUE 申請は審査されて承認あるいは非承認が決定します．TUE が承認される条件について，簡単に説明してみましょう． ▶ p.133

-
-
-

G．ドーピングコントロール

問 8 ドーピング検査の手順（尿検体の場合）について，順を追って要点を説明してみましょう．
▶ p.133-135

検査対象の通知

通知を受けたことの確認のサイン

ドーピングコントロール・パスの受領

ドーピングコントロール・ステーションへの出頭

採尿カップの選択

尿検体の採取

サンプルキットの選択

尿検体の分割／封印

比重の確認

使用薬物の申告

公式記録書コピーの受け取り

解答編

A　アスリートにみられる内臓器官などの疾患

1. 循環器系疾患

|問1
①圧負荷，②容量負荷，③筋力トレーニング，④長期間持続性トレーニング，⑤内腔拡大，⑥正常または収縮性の増大，⑦正常または収縮性の増大，⑧正常，⑨正常または正常以上，⑩なし，⑪なし，⑫あり，⑬あり

|問2
①瞬発力を要し最大筋力の高さを求める，②重量挙げ　相撲　柔道　空手など，③筋肉へより多くの酸素を供給することが要求される，④マラソン　トライアスロン　クロスカントリーなど

|問3
具体例
スポーツ心臓
説明
運動は種類，強度，頻度，継続により，さまざまな影響を身体にもたらす．運動という負荷に対して身体は適応するよう身体機能を変化させる．これを生理的適応という

|問4
①ビリヤード，ボウリング，ゴルフ，②野球　卓球，テニス（ダブルス），バレーボール，③バドミントン，クロスカントリースキー　マラソン，サッカー，テニス（シングル），④アーチェリー，弓道，ダイビング，⑤フェンシング，剣道，ラグビー，アメリカンフットボール，シンクロナイズドスイミング，⑥バスケットボール，水泳，中長距離走，アイスホッケー，⑦体操，柔道，空手，投擲，ウエイトリフティング，⑧滑降，レスリング，⑨ボクシング，カヌー，サイクリング，ボート，スピードスケート

|問5
圧負荷
収縮期壁応力を増し，筋原線維の並列増加そして壁が肥厚し求心性左室肥大となる
容量負荷
拡張期壁応力が増し，筋原線維の直列増加そして内腔が拡大し遠心性左室肥大を呈する

|問6
BNP（脳性利尿ホルモン）

|問7
①全血漿蛋白量の増加による血管内浸透圧の増加，血管内への水分の移動．②Na再吸収によるGFRの低下，腎尿細管のアルドステロンの感受性亢進などによる尿量の減少．③トレーニングによる血液量増加により中心静脈圧は増加するが，慢性的容量負荷による新たな圧・容量関係にシフトしリセットされる

|問8
・体重減少　・体脂肪率減少　・中性脂肪低下　・HDLコレステロール増加

|問9
運動時急性期反応としてカテコールアミン上昇と血清カリウム上昇が生じる．前者は心筋虚血，不整脈を誘発し，後者は遊離脂肪酸上昇による不整脈を誘発する．激しい運動直後にはこのように心臓発作のリスクが高まり，運動後受攻期と呼ぶ

|問10
アスリートに認められる洞性徐脈では日内変動（サーカディアンリズム）があるのに対して，洞機能不全症候群ではそれが認められない

|問11
アトロピンとベータブロッカー（遮断薬）の両薬剤を用いて，副交感および交感神経ブロックを行ったときの心拍数のこと

|問12
運動後の交感神経活動の急激な減少により再分極過程が不均一となる．この結果，一定の割合で偽陽性（スクリーニングの負荷検査で虚血性変化を認めたが，負荷心筋シンチグラムで陰性となる）が生じる

2. 呼吸器系疾患

|問1
①鼻腔，②口腔，③咽頭，④喉頭，⑤食道，⑥気管，⑦気管支，⑧肺，⑨肋骨，⑩肋間（筋），⑪胸膜，⑫横隔膜

|問2
1. 1.39，2. 21，3. 5　20　100　4

|問3
1. 炎症　狭窄　過敏　咳　喘鳴　呼吸困難　狭窄　可逆

|問4
1. 気管支喘息　過換気症候群，2. 自然気胸　縦隔気腫　肋骨骨折

|問5
・ストレス　・多忙　・過労　・気道感染　・タバコの煙　・香水の香り　・大気感染　・アルコール　・運動　・冷気吸入　・薬物など

|問6
内呼吸
末梢組織に運搬された酸素（O_2）は，細胞内に拡散し，細胞内ミトコンドリアでアデノシン三リン酸（ATP）を産生する際に利用され，その結果二酸化炭素（CO_2）が産生されること
外呼吸
肺で外気より酸素（O_2）を体内に取り込み，体内で産生された二酸化炭素（CO_2）を排出すること

|問7
・「息が吸えない，息が苦しい」と訴える発作性の喘鳴，咳嗽，呼吸困難が典型的な症状　・喘鳴，努力性呼吸，呼気延長，起坐呼吸がみられる　・症状の変動が著しい　・症状は夜半から明け方に強く，日内変動，季節性変動が明らか　・運動時に症状が出現する症例もあり，運動誘発性気管支喘息もしくは運動誘発性気管支攣縮と呼ぶ

|問8
1. 過敏　不十分，2. 換気量　冷　乾燥　浸透圧　ロイコトリエン　平滑

|問9
・運動を開始して，3～8分ぐらいに症状が起こってくる　・呼吸困難による運動中断後5～10分で症状は最大となる　・運動中止後20～90分以内に症状の改善をみる（早期反応）　・運動後3～6時間で再び症状が出現することがある（遅発反応）　・換気量が大きく，かつ冷たく乾燥した空気を吸入することにより発症しやすい　・診断のためのテストとして運動誘発性試験がある

|問10
1. 亢進　メサコリン　1秒量　1秒率，2. 1秒率　可逆，3. メサコリン　可逆

|問11
薬物療法
・吸入β_2作用薬　・吸入ステロイド薬　・ロイコトリエン受容体拮抗薬，キサンチン誘導体，クロモリン（吸入）
理学的治療法
・ウォームアップ　・鼻呼吸　・トレーニング
運動時の救急処置
気管支喘息発作を生じているときは，運動をさせてはならない．運動誘発性気管支攣縮が起こったときの対応は以下が有効である．
・直ちに運動を中止させる　・症状が軽いときは，30分ないし1時間休ませておけば症状は改善することが多い　・呼吸困難感や喘鳴症状が強い場合にはβ作用剤の吸入をする　・低酸素血症には酸素吸入を行う

|問12
1. 不随意　不安　緊張，2. CO_2　CO_2，3. 二酸化炭素　アルカローシス，4. 器質　器質　発作

|問13
①深く速い呼吸，息切れ，呼吸困難感，空気飢餓感，②動悸，胸部圧迫感，胸痛，頻脈，③四肢末梢のしびれ感，知覚異常，口周囲のしびれ感，テタニー，四肢筋力低下，④めまい，頭がボーッとした感じ，失神，頭痛，視力障害，手指振戦，意識障害，⑤腹痛，悪心，⑥発汗，不安，緊張，衰弱感，パニック状態，不安顔貌

3. 消化器系疾患

|問1
1. 腸管ガス，2. 水分補給，3. 腹筋，4. ウォーミングアップ

|問2
1. 高い　消失する，2. 器質的疾患，3. 24～48

|問3
1. ウイルス　発熱，2. 氷　集団

|問4
1. ALT（GPT），2. CPK　CPK，3. 薬剤性肝障害，4. 経口的，5. 脾腫　脾腫，6. 黄疸

4. 血液疾患

|問1
貧血は血液のヘモグロビンの低下である．ヘモグロビンは肺から組織へ酸素を運搬しているので，貧血では組織への酸素の運搬能力の低下をきたす．これを補うために息切れや心拍出量が増加して動悸が生じる．また，組織の酸素不足により，重要臓器への血流の比率が増加して皮膚血流は減少するため皮膚は蒼白になる

|問2
・鉄欠乏になりやすい．その原因としては，成長期の競技者やトレーニングによる筋肉量

の増加に伴う鉄需要量の増加，発汗量が多いこと，およびスポーツ活動後の尿潜血反応や消化管出血に伴う鉄排出量の増加があげられる ・スポーツ活動で溶血が起こる．足底への衝撃によって溶血が起こるとされている

|問3
鉄欠乏性貧血を鉄剤で治療すると，ヘモグロビンが回復した時点では，まだ貯蔵鉄が回復していない．貯蔵鉄を回復させるためには，さらに4～6ヵ月治療を継続する必要がある

|問4
偏食を避けて，鉄分と蛋白質を十分にとる．鉄は食品から20～30mg/日の摂取が必要となる．野菜に含まれる非ヘム鉄は吸収が悪く，緑茶を一緒に飲むとさらに吸収が悪くなる

5．腎・泌尿器疾患

|問1
・血尿
原因：運動時の腎血流量や糸球体濾過量の低下によって，低酸素によるネフロン障害．腎臓や膀胱の外傷
症状：尿の色が赤～褐色
処置：腎疾患や外傷などのない場合は，安静で改善する．腎疾患の家族歴がある場合や運動を控えても血尿が2週間以上持続する場合は腎疾患が疑われる．外傷性の場合は受診が必要

・ミオグロビン尿
原因：激しい運動などで筋障害を生じるとミオグロビンが血中に流出して腎糸球体で濾過されて尿中に排出される．急性腎不全を引き起こしやすい．誘発因子は，暑熱環境，脱水，非鍛錬者など．横紋筋融解症の症状
症状：尿が赤～褐色．筋肉痛
処置：急性腎不全の予防として，脱水の是正．ミオグロビン尿を疑ったら医療機関を受診する

・ヘモグロビン尿
原因：血管内溶血が生じるとヘモグロビンが血中に流出して腎糸球体で濾過されて尿中に排出される
症状：尿が赤色
処置：水分補給．安静

|問2
症状
・筋痛，筋腫脹 ・こわばり，脱力 ・全身倦怠感，悪心 ・ポートワイン様の色の尿
予防策
・トレーニング量の急激な増加を避ける ・水分を補給して脱水を避ける ・高温多湿の環境での運動を避ける

|問3
運動後と安静時の尿検査を何度か繰り返してみる．尿蛋白が運動後に限ってみられ，運動後24～48時間以内に消失し，運動性蛋白尿と診断された場合は，特に処置は必要ない．蛋白尿が持続している場合は専門医を受診する

|問4
1. 400 600 200 350 2

6．代謝性疾患

|問1
1. 1 2. 2. インスリン インスリン 若年 インスリン注射 3. インスリン 肝臓 筋肉 インスリン 生活習慣 90

|問2
1. 浸透圧 口渇 多飲 多尿 2. 易疲労感 体重減少 昏睡 3. 網膜 腎 神経 脳梗塞 心筋梗塞

|問3
①骨格筋，②インスリン，③グルコース，④脂肪，⑤脂肪酸，⑥解糖，⑦グリコーゲン，⑧乳酸，⑨ミトコンドリア，⑩TCA，⑪β酸化

|問4
1. インスリン 肥満 インスリン インスリン 2. 骨格 インスリン 運動 3. インスリン 低血糖

|問5
①インスリンが不足すると，細胞内に十分なブドウ糖を取り込むことができないため，エネルギー源として脂肪の分解が起こり，脂肪分解の際に生じるケトン体という物質が血液中に多量に蓄積するとケトーシスを起こす，②血糖値が正常値よりも低下すること，③1型糖尿病，④運動直後および数時間～20時間以上たってから低血糖を起こすことが多い，⑤運動量に見合った糖質を運動前にあらかじめ摂取しておくこと，低血糖が起こったときのために吸収されやすい糖質や飲料を携行しておくこと

|問6
・まずメディカルチェックを行い，適応を検討する ・心電図や血圧測定とともに，必要に応じ胸部X線写真や負荷心電図などを行う ・最大酸素摂取量の50～60%程度（心拍数で110～120/分程度）の有酸素運動が適当である ・食後20～30分，週に3回以上行うよう指導する ・レジスタンス運動も有効である ・低血糖への対処や，適した衣服や運動靴にも配慮する

|問7
注意して運動を行わせる必要がある場合
・内服薬やインスリンを使用している ・軽度の高血圧を有する ・軽度の糖尿病性神経症，網膜症，腎症がある ・血糖コントロールが不良または不安定 ・高齢者 など
運動禁忌の場合
・ケトーシスを生じている ・高度の高血糖を呈している ・高度肥満者（食事による減量をまず行う） ・重症な合併症がある ・活動性の感染症がある など

|問8
・2型糖尿病，耐糖能障害 ・脂質代謝異常 ・高血圧 ・高尿酸血症 ・冠動脈疾患，心筋梗塞，狭心症 ・脳梗塞，脳血栓，一過性脳虚血発作 ・睡眠時無呼吸症候群，Pickwick症候群 ・脂肪肝 ・整形外科的疾患 ・月経異常

|問9
①身体に脂肪組織が過剰に蓄積した状態，②体格指数（body mass index）：体重（kg）÷身長（m)^2，③例：身長168cm，体重68.7kg → 68.7／(1.68)^2＝24.3，④25≦：肥満（1度），30≦：肥満（2度），35≦肥満（3度），40≦肥満（4度），⑤肥満者において「肥満に起因または関連する健康障害を合併し，医学的見地から肥満の是正が必要とされる病態」

|問10
脂肪細胞から分泌される生理活性物質が高血圧や糖尿病の原因となり，脂肪細胞からの遊離脂肪酸の放出が高脂血症を引き起こす．これらはいずれも動脈硬化を促進するため，肥満に加え糖尿病，高脂血症，高血圧を示す場合はメタボリックシンドロームと呼ばれ，心筋梗塞や脳梗塞などの発症率が高い患者群として問題視されている．肥満のタイプは，皮下脂肪型と内臓脂肪型に分けられ，特に内臓脂肪型ではメタボリックシンドロームを発生しやすい．その診断にはウエスト径やウエスト／ヒップ比，CT撮影による脂肪面積の測定などが用いられる

|問11
治療としての運動
・有酸素運動であり，運動がある程度長時間であることがポイント ・中等度（ATレベル）強度の有酸素性（持久性）運動を30分以上行い，消費カロリーが1日当たり200～300kcal程度となるように指導する
運動の制限および禁忌
・合併症が多いため，メディカルチェックを十分に行う ・高度の肥満者（BMI 35以上）では，まず食事制限による減量を優先する

|問12
尿酸は体内でプリン体と呼ばれる物質が分解されて生成される．尿酸が血液中に蓄積すると，さまざまな臓器に尿酸の結晶ができる．結晶が最も蓄積されやすいのは，足の親指の付け根の関節で，ときに炎症を起こす．この関節痛を総じて痛風または痛風発作と呼ぶ．関節周囲や軟骨，皮下などに結晶が蓄積すると痛風結節と呼ばれる瘤ができることもある

|問13
摂取過剰
プリン体を含む食事の摂取過剰による．プリン体は細胞の核に含まれるため，細胞数の多い食品ほどプリン体が多い．魚や獣の肉類，たらこやすじこなどの魚卵類，レバー，ビールなどにプリン体は多く含まれる
産生過剰
体内の組織の代謝亢進や損傷により，細胞から排出されるプリン体が増加することによる．運動による筋損傷
排泄低下
腎臓の機能低下や脱水による尿量の低下などにより尿酸がうまく排泄されないことによる

|問14
プリン体を含む食品の摂取を控え，脱水予防のための飲水（1日2l以上）を心がける．軽度の有酸素運動はむしろ尿酸を低下させる効果がある

7．皮膚疾患

|問1
1. 外傷 紫外線 乾燥 水 感染症 アレルギー性皮膚炎 蕁麻疹 あせも

|問2
①クッションの役割で外力から守る，②角質が固くなり慢性の刺激から守る，③水分の侵

入を防ぐ，④体液の不必要な喪失を防ぐ，⑤病原菌の侵入を防ぐ，⑥物理的・化学的に有害な物質の侵入を防ぐ，⑦紫外線，熱線の侵入を防ぐ，⑧体温調節をする，⑨触覚，痛覚などの知覚作用がある，⑩汗や脂質などの分泌作用，⑪呼吸作用，⑫吸収作用，⑬免疫力がある

|問3
①運動時の摩擦や反復する皮膚刺激による，②・新しい靴を使用する場合にはこすれる部位にワセリンやクリームを塗っておく　・皮膚が赤くなった時点で早めに被覆材料で皮膚を保護する　・水疱ができてしまった場合には注射針で穴をあけ，中の水分を出し，水疱の皮を破らないように残して，ハイドロコルチコイドを含む絆創膏で覆う，③慢性的な摩擦を受け，圧迫されている部位の皮膚の角質が厚くなることによる，④・足の大きさやアライメント，加重の仕方に適した足に負担の少ない靴を選択する　・痛みが少ないうちに，入浴後など皮膚が柔らかいときに，厚くなった角層を削っておく　・適当な絆創膏での保護で軽快することもある，⑤爪の圧迫による，⑥・足に合った靴の選択　・血豆ができてしまったら，直後（1〜2日以内）に滅菌した注射針を爪に垂直にねじるように押し当てて2ヵ所に穴を開けて，血を排出する，⑦爪の不適切な処置に靴の圧迫や運動が加わって生じる，⑧・爪の角を斜めに深く切らないこと．爪の長さは足の爪の先に手の指を垂直に当て，足の爪が手の爪に触る程度がよい　・爪の周囲を清潔に保つ　・足に合った靴の選択　・予防と軽傷の陥入爪にはテーピングを行う．VHO式爪矯正シュパンゲによる治療も軽症例によい，⑨運動による転倒や皮膚への負担，競技者同士の接触，運動用具の使用や接触による，⑩・受傷直後の圧迫止血をきちんと行う．その後水道水（水道水がない場合には生理食塩水かミネラルウォーター）で傷口とその周囲を土や砂が残らないようきれいに洗う　・切り傷の場合にはテープで傷口を合わせる．皮膚が欠損している場合には創傷被覆材で密封し乾かないように保つ，⑪屋外スポーツで肌の露出による，⑫・予防用のスプレーや長そで，長ズボンなどで肌の露出を少なくして予防する　・刺された場合には刺された部位をしぼるようにして水で洗浄，外用薬を塗る，⑬競技者の疲労，環境変化，試合前の緊張，ストレス，食事の変化などによる，⑭・休養，睡眠など疲労回復に努める　・入浴は熱すぎない温度でゆっくり入る，⑮テープ類，金属，シップ剤，衣類，化粧品，植物などがそれらに敏感な肌に触れることによる，⑯・テーピングにはアンダーラップを使用し，はずした後には皮膚に保湿クリームを塗布する　・鎮痛薬のシップをはずした後には紫外線があたらないように気をつける　・運動時には金属アクセサリーをはずすなど予防が大切である，⑰皮膚への紫外線曝露による，⑱・日焼け止めクリームを塗る　・練習時間や場所の工夫　・長そで，長ズボンなどで肌の露出を少なくする　・皮膚の保湿に努める

|問4
・消毒薬は原則として傷口に使用しない・水道水（ただし水道水が清潔な場合．また水道水がない場合には生理食塩水かミネラルウォーター）で傷口とその周囲を土や砂が残らないようきれいに洗う

B 感染症に対する対応策

1. 呼吸器感染症

|問1
1. 鼻腔　喉頭　咽頭　上気道炎　かぜ症候群，2. 6，3. 持久　上気道炎，4. 免疫グロブリン，5. 副腎皮質ステロイド　アドレナリン　リンパ

|問2

|問3
上気道
・くしゃみ　・鼻水　・鼻閉　・咽頭痛　・頭痛，など
下気道
・咳（初期は乾性）が中心，後に痰を伴い湿性咳嗽　・細菌感染が加わると，分泌物が膿性となり，発熱なども伴う　・血液検査では末梢血白血球数やCRP陽性化を認める

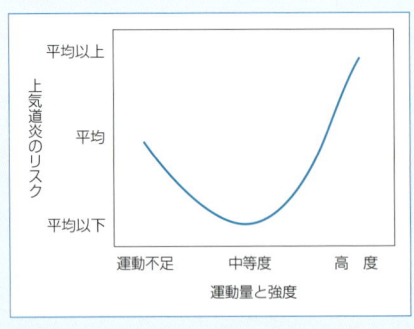

|問4
・基本的に軽傷で自然に回復する病態であっても，鼻閉，鼻汁，咳などにより呼吸がうまく行えず，トレーニングが困難なことが多い　・トレーニングにより，症状の増悪や細菌感染症を併発しやすいため，数日間積極的休養とすべきである　・ウイルス感染症に対する特異的療法はない．安静，禁煙指導を行い，症状緩和のための対症的治療や細菌感染に対する抗生物質療法を受けさせる　・症状が悪化する場合には，医療機関を受診させる　・上気道炎後に激しいトレーニングを行うと，オーバートレーニング症候群に陥る可能性もあるため，徐々にトレーニング量，強度を上げることが重要である

|問5
1. C A B 48 H1N1，2. 咳　くしゃみ　飛沫，3. 冬から春先　1〜2 7

|問6
・疫学データ，臨床症状よりインフルエンザを疑う　・鼻咽頭部ぬぐい液中のウイルスを，迅速診断キットで約15分で検出できるようになった　・迅速診断キットは感度，特異度ともに高いが，100%というわけではなく，病期初期には陰性となることもある．また，キットは陽性と陰性の判定であるため，重症や軽症の判断はできない

|問7
1. 抗原変異，2. 鳥　不連続，3. 新型，4. スペイン　香港，5. 抗原変異

|問8
治療
・安静・臥床，水分補給　・抗インフルエンザ薬〔オタルタミビル（タミフル®），ザナビル（リレンザ®）〕使用　・対症的治療
予防
・うがい，手洗い　・マスク着用　・人混みを避ける　・十分な休養　・ワクチン接種　・抗インフルエンザ薬予防内服

|問9
・SARS：severe acute respiratory syndrome　・21世紀最初の新興感染症で，航空機で世界中に拡大した　・国際的スポーツイベントの中止や延期，海外派遣中止などスポーツ界にも大きな影響を及ぼした　・症状は感染後，1週間前後でインフルエンザに類似した発熱や呼吸症状，下痢などを認める　・SARSコロナウイルスによる

2. 血液感染症

|問1
1. C型　C型　弱い，2. B型肝炎ウイルスキャリア　HBs抗原，3. 自分の血液が他人の体の中に入れば感染が成立する可能性があること，4. ワクチン　ワクチン，5. 弱い

|問2
・練習中，試合中に出血した場合には完全に止血し，創部を完全に覆うまでは参加させない　・血液で汚染した処置具は流水にてよく洗浄し，消毒する　・なるべくディスポーザブルの処置具を用いる　・B型肝炎ワクチンを接種する

3. 皮膚感染症

|問1
1. 細菌感染症　真菌感染症　ウイルス感染症

|問2
皮膚に傷がついている場合や，疲労時に皮膚の表面に常についている細菌が皮膚に入り込むことによって感染する

|問3
①傷口周囲の皮膚の発赤と腫脹，②化膿の原因となる異物や壊死組織を十分に取り除き，傷周囲の皮膚を清潔に保つこと．水道水で十分な洗浄が初期においても化膿している場合にも重要である，③皮膚の外傷や先行する湿疹部に水疱，びらん，かさぶたを伴う紅斑で，黄色ブドウ球菌などの細菌による感染．軽度のかゆみを伴う，④疲労回復に努める．抗生物質の内服，⑤毛嚢炎は毛穴に細菌が侵入し化膿した状態で，毛穴周囲の発赤と腫脹がみられる．せつは毛嚢炎が周囲の結合組織まで広がり，赤く硬く腫れる，⑥疲労回復に努める．抗生物質の内服や外用剤の使用

|問4
①主に口唇や鼻の回りにピリピリ痛む小水疱が数個できる．外陰部にもでき焼けつくような痛みを伴う，②抗ウイルス薬の内服，外用剤，注射薬の使用．紫外線の曝露により発症しやすいので日焼け対策が有用である，③ドーム状に盛り上がったいぼの中央に小さな陥没がある．自覚症状はほとんどない．

④競技者同士が接触することにより感染しやすいと考えられるので，定期的にチェックし，早めの治療を進める．⑤ヒト乳頭腫ウイルスによる感染で小さないぼが形成される．できる場所は，手や指，足の裏，顔や陰部で，痛みや違和感がある．⑥液体窒素による凍結療法，外用剤，漢方薬（ヨクイニン）の内服

問5
罹患歴，予防接種歴のチェックを行う．両方がない場合には，トレーニングや試合とのスケジュールを考えながら早めに予防接種を行うのがよい．合宿地や試合会場地域の流行感染症の把握も重要である．チーム内で発症した場合にはチーム内感染を極力防ぐ対策を立てる

問6
①足の側縁に，小さな水疱や赤みを伴って皮がむけ，痒みがみられる．足趾間の場合にはふやけて皮がむけ，白く浸軟したように見えたり，裂けたように見えたりすることがある．角化型は皮膚が固く厚くなる．②足の清潔を保つ，外傷を防ぐ，足の乾燥に努める．抗真菌外用剤を使用する．効果が少ない場合には内服薬も有効である．③爪白癬は爪が先のほうから白濁し，厚く固くもろくなる．陰股部や鼠径部にできるものを通称タムシといい，皮膚がなんとなく茶色や薄い赤色になり，周囲の皮膚がカサカサしていることもある．頭部にできるものはケルズス禿瘡と呼ばれ，軽い痛みと発赤，落屑がみられる．④体全体の清潔と通気性のよい衣類の選択．爪，体，頭部白癬は外用剤では難治性であることが多いので，内服薬が有効である．また抗真菌薬含有のボディーシャンプーやシャンプーの使用も有効である．⑤胸，背中，腋の下などに薄茶色のシミのような斑点として見られる．自覚症状はない．⑥体全体の清潔と通気性と吸湿性のよい衣類の選択．抗真菌薬含有のボディーシャンプーが有効である

問7
競技者と共通に裸足で踏むところを清潔に保ち，スリッパやマット類のこまめな洗濯と乾燥に気を配る．可能であればスリッパやマット類の共有は避ける

4．ウイルス性結膜炎

問1
1．アレルギー　コンタクトレンズ　細菌性　ウイルス性　ウイルス性

問2
1．3型　プール熱　耳前リンパ節　急性の呼吸器疾患

問3
結膜炎は涙，眼脂，手指などを介しての接触感染で広がる．スポーツにおいては身体や器具の接触を介して急速に感染拡大を生じる可能性がある

問4
1．8　19　37　1　偽膜

問5
1．エンテロウイルス70型　コクサッキーウイルス24型　1　出血

問6
アデノウイルス抗原検出キット（急速クロマトグラフィ法による迅速診断）

問7
①症状が消えた後2日を過ぎるまで，②症状により伝染のおそれがないと認められるまで，③症状により伝染のおそれがないと認められるまで

問8
接触感染予防
・手洗い　・消毒
周囲の人がウイルス性結膜炎と診断されたとき
・感染者が触ったところを不用意に触れないようにする　・70％エタノールで消毒乾燥させる　・隔離する

5．海外遠征時に注意すべき感染症

問1
1．かぜ症候群　下痢

問2
下痢の対処方法
・脱水予防，水分補給　・軽症ならば消化のよいものを食べさせる　・原則として強力な止痢剤は使用せず，乳酸菌製剤を使用する　・症状の激しいときは病院受診
下痢の予防方法
・水道水を飲まず，しっかり栓のされたペットボトル入り飲料水や煮沸水を飲む　・氷も水道水から作ったものは飲料に使用しない　・生ものは食べない　・調理して時間の経過したものは食べない　・手洗いの励行

問3
・デング熱　・マラリア　・黄熱　・ウエストナイルウイルス

6．各競技別ルールにみられる感染症対策

問1
ラグビー
・傷口が開いたり出血している競技者は競技区域から出なければならない　・傷口や出血の処置のために一時的交替ができる　・血液の付着した衣服の着用は禁止
サッカー
出血している競技者はフィールドから離れ，主審によって止血が確認されるまで，フィールドに復帰できない
バスケットボール
出血している競技者は，審判が交代させ，その競技者は止血か傷口を完全に覆う手当をしないと再びゲームに出場できない
レスリング
レスラーが出血したときは，レフリーは試合を止めてドクターに判断を求めなければならない．ドクターの処置の時間も認められる．ドクターは負傷の状態によって試合の中止を勧告することができる

C　アスリートにみられる病的現象など

1．オーバートレーニング症候群

問1
1．慢性疲労，2．交感神経緊張型　副交感神経緊張型，3．トレーニング処方，4．POMS，5．休養

問2
・原因不明の競技成績の低下　・易疲労感　・全身倦怠感　・頭痛　・睡眠障害　・食欲不振　・体重減少　・集中力の欠如　・うつ状態，など

問3
・起床時心拍数（起床時心拍数が上がる）　・運動トレーニングに対する心拍数反応（運動で心拍数が上がりやすい，運動後10分たっても心拍数が100回/分以下にならない）　・体重変動（体重減少・体重の変動が激しい）　・食欲低下・疲労感などの自覚症状　・以前楽にこなせた練習がきついなどの自覚症状，など

2．突然死

問1
事故，外傷，自殺などの外因死を除く自然死（内因死，病死）のうち原因疾患発症が24時間以内の死

問2
先天奇形
・冠動脈奇形　・マルファン症候群
心筋症
・肥大型心筋症　・不整脈原性右室心筋症
不整脈
・WPW症候群　・QT延長症候群
感染症
・心筋炎　・若年発症性冠動脈疾患（川崎病罹患後）
弁膜症
・僧帽弁逸脱症

問3
臨床症状
スポーツ中の胸痛，動悸，失神
典型的な心電図所見
左室肥大所見（高電位，ST-T異常など）
心エコー検査での特徴
左室壁の肥厚，非対称性中隔肥厚，左室駆出能は正常ないしは増加

問4
スポーツ心臓はスポーツを行ったために生じる心臓の機能，形態上の生理的適応反応である．可逆性

問5
臨床症状
めまい，ふらつき，失神
典型的な心電図所見
$V_{1,2}$誘導でのST部分にε波と呼ばれるノッチを認める．左室前胸部誘導でのT波の逆転．右室起源の左脚ブロック型心室頻拍
心エコー検査での特徴
右心室の内腔拡大と壁運動低下

問6
1．右バルサルバ洞　大　肺　鋭　心室細動　心筋梗塞

|問7
・高身長かつ四肢長が長い　・恥骨足底間距離が恥骨頭頂間距離より長い　・アームスパンが身長より長い　・漏斗胸，鳩胸　・外反母趾　・関節の習慣性脱臼　・ヘルニア，など
|問8
・大動脈拡張　・大動脈解離　・大動脈弁閉鎖不全　・僧帽弁逸脱，など
|問9
バレーボールやバスケットボールなど（高身長が疾患の特徴であるから）
|問10
① P，② P，③ PQ，④ R，⑤ Q，⑥ QRS，⑦ S，⑧ T，⑨ QT，⑩ T，⑪ U，⑫ U
|問11
心電図上の QT 時間の延長（QTC 440msec 以上）を特徴とする常染色体優性遺伝，劣性遺伝を呈する疾患．torsades de pointes と呼ばれる致死的心室性不整脈を誘発し，失神や突然死の原因となる
|問12
発症後半年間
スポーツ活動中止
競技復帰
発症半年後に心室性期外収縮や持続性上室性頻拍を認めない場合
|問13
学校心臓健診は毎年施行されるものではなく，またスクリーニングとして行われる検査項目としては胸部 X 線検査と安静時心電図だけであり，これらの検査だけでは潜在的な心疾患を完全には除外することができないため
|問14
・心室頻拍など致死的不整脈や失神発作の原因となりうる上室性頻拍の運動誘発性を確認すること
・虚血性 ST-T 変化の有無を確認すること
|問15
冠動脈瘤
|問16
運動負荷心電図検査を含む毎年の循環器的メディカルチェックを行うこと．具体的には，運動時の過剰血圧反応，運動誘発性心筋虚血反応，運動誘発性不整脈の有無を調べる
|問17
・参加者に事前にメディカルチェックを受けるように呼びかける　・事前チェックリストで自己チェックを行う　・AED 配備を含む適切な救護・医療体制を整える

3. 過換気症候群

|問1
スポーツ現場で認める疾患
・熱中症　・運動誘発性気管支攣縮　・狭心症　・発作性頻拍症　・低血糖症，など
呼吸器疾患
・気管支喘息　・自然気胸　・急性肺血栓塞栓症　・肺炎，など
循環器疾患
・急性心筋梗塞　・肺水腫　・その他心疾患
脳神経疾患
・てんかん
代謝性疾患

・代謝性アシドーシスの代償（例：糖尿病）
・甲状腺疾患
薬物中毒
・サリチル酸中毒　・プロゲステロン　・甲状腺ホルモン製剤，など
|問2
・全身状態をよく観察する（特に暑熱環境では熱中症との鑑別が重要）　・精神的援助をする　・息こらえ法，ゆっくり呼吸　・呼気再吸入法（ペーパーバッグ法）　・鎮静薬の投与　・予防とフォローアップとしての心身医学的アプローチ，など
|問3
・バイタルサインのチェック　・呼吸音の聴取　・神経症状の確認　・以前の既往や合併疾患の有無を確認

4. 摂食障害

|問1
1. 体操　クロスカントリー　競泳　陸上（長距離）　新体操　フィギュアスケート
|問2
1. 真面目　よい子（体制に従う）　従順　完全主義　強迫性格
|問3
1. 誘発嘔吐　たこ（吐きだこ）
|問4
柔軟性に乏しく予定外の状況に対処する能力に欠けていることがある．このような傾向は予定の行動がうまくいかなくなったときに非常に落ち込み，細部についてこだわりを持ち続けてしまうことになる．このような選手が，競技のために体重のコントロールが必要になった場合，体重へのこだわりが大きくなる一方で，トレーニングによる運動量が多いため空腹感とのアンバランスにより過食となり，過食したことに対して競技への不安や自己嫌悪の念から嘔吐や下痢などを用いる自己浄化行為を行ったりしてしまう
|問5
選手とは個人的に会話をする機会が多いので，精神的な問題がないか，また体重や食事の面など選手のコンディショニングも把握できるので，体調不良がないかについても早期に気づき対応するよう心がける．監督やコーチの意図のもとに治療を行うという立場にならないようにし，競技者の立場での治療を行うようにする．また競技者に断りなく相談された情報を監督やコーチに示してはいけない

5. 減量による障害

|問1
目的①：階級性競技で，試合前の計量がルールによって定められているため
競技・種目：レスリング，柔道，ボクシング，ウエイトリフティング
目的②：美しいプロポーションを保つためや体重を軽くして身体への負担を軽減し有利に試合を行うため
競技・種目：体操競技，新体操，フィギュアスケート，陸上長距離，ノルディックコンバイン
|問2
1. 急速減量法　緩徐減量法

|問3
・脱水による疲労，けいれん，思考の低下や熱中症　・摂食障害による月経異常や疲労骨折　・貧血によるパフォーマンスの低下
|問4
競技以外の適度な有酸素運動と正しい栄養の摂取を組み合わせた理想的な緩徐減量法よる方法が好ましい．また出場する階級を減量に無理のない階級に設定する

6. 飲酒・喫煙の問題点

|問1
1. ニコチン，2. 持久力，3. 心筋梗塞，4. コールドターキー法
|問2
1. 早期疲労，2. 利尿効果，3. ミオパチー，4. 禁止薬物

D　特殊環境のスポーツ医学

1. 高所および低酸素環境下での身体への影響

|問1
1. 自覚症状　パルスオキシメータ　90　98　85　76
|問2
脳神経系
・集中力欠如　・無気力　・めまい　・頭痛　・睡眠障害
呼吸循環器系
・呼吸困難　・咳　・胸痛　・動悸　・頻脈
消化器系
・嘔気　・嘔吐　・食欲不振
|問3
・頭痛　・睡眠障害　・食欲不振　・嘔気　・めまい
|問4
浮腫
高所では利尿作用で尿量が増える一方，強い低酸素刺激で尿量が減少するため，体内水分貯留が起こる
呼吸器症状
換気応答が低くなるため
睡眠障害
低酸素血症と換気応答の低下による二酸化炭素蓄積から睡眠の障害が起こる
|問5
・ゆっくり登ること　・3,000m 以上では 1 日に 300～500m 以上登らない　・水分補給を十分行う　・アセタゾラミドやデキサメタゾン，ニフェジピンなどの薬物投与

2. 高圧環境

|問1
1. Boyle の法則，2. Pascal の原理，3. 水温，4. 徐脈，5. 窒素ガス　気泡，6. 減圧表，7. 耳抜き，8. 空気塞栓

3. 暑熱環境

問1
1. 熱産生　熱放散，2. 皮膚温　湿度，3. 筋，4. 脱水　脱水

問2
① ・大量の発汗があって水のみ補給した場合に起こる　・Na 欠乏性脱水　・筋の興奮性の亢進　・四肢や腹筋のけいれんや筋肉痛．② ・生理食塩水（0.9%食塩水）を補給すれば回復する，③ ・脱水　・全身倦怠感，脱力感，めまい，嘔気，頭痛　・発汗，血圧低下，頻脈，皮膚蒼白．④ ・涼しい場所に運び，衣服をゆるめて寝かせ，水分を補給する　・経口摂取できない場合は病院で点滴．⑤ ・体温調節の破綻　・高体温と意識障害　・死亡率が高い．⑥ ・まず救急車を呼ぶ　・冷却の処置を行いながら救急車を待つ

問3
・涼しいところに移動させ横にする　・水をかけてあおぐ　・頸，腋窩，鼠径部などの太い血管が通る部分を氷などで冷やす

問4
・環境条件を把握し，それに応じた運動，水分補給を行うこと　・暑さに徐々に馴らしていくこと（暑熱馴化）　・個人の条件を考慮すること　・服装に気をつけること　・具合が悪くなった場合には早めに運動を中止，必要な処置をすること

4. 低温環境

問1
1. 筋温，2. 速く　高く，3. 凍瘡（しもやけ），4. 意識障害，5. 脱水

5. 時差

問1
・下腿のむくみ　・腰痛　・下腿の痛み　・下腿のしびれ　・息苦しさ　・頭痛　・胸部の不快感　・胸痛　・動悸，など

問2
日本からアメリカ方面（東行き）

問3
1. 入眠困難　集中困難　気分の高揚や抑うつ　食欲　パフォーマンス　3～4

問4
規則的に連続する精神的・生理的な変化で，約 24～25 時間を周期にしている

問5
機内対策
・時計を到着先の時間に合わせ睡眠と食事における調整準備を始める　・東行きの場合にはなるべく早く睡眠をとるように心がける

薬剤療法とその注意点
メラトニンの使用．内服によって生体リズムの再同調が促進され，時差ボケ解消に有効な可能性がある．しかし副作用の問題や容易に手に入らないこと，処方に注意が必要なことから安易な使用は控えるほうが賢明である．メラトニンには催眠性があり，スポーツパフォーマンスを低下させるおそれがある．黄体ホルモンとともに摂取すると無月経となるおそれもある

現地入り後の対策
概日リズムを同調させるために到着した現地で軽い運動を取り入れると時差の同調が促される．夜まで睡眠をとらない努力をする

東行き：現地時間の午前に到着した場合は，午後に太陽光を浴びながら軽い運動を行う
西行き：現地時間の夕方に到着した場合は，現地時間に合わせて早めに睡眠をとる

6. 海外遠征時の諸問題

問1
・競技者のメディカルチェックの実施とその結果に対する処置　・事前調査　・携行品（医療品とコンディショニングに役立つ物品）の準備　・ドーピングコントロール対策（競技者の使用薬剤とサプリメントの確認，TUE 申請）

E　年齢・性別による特徴

1. 女性のスポーツ医学

問1
性ホルモン　男性ホルモン　蛋白同化

問2
・摂食障害　・月経異常　・骨粗鬆症

問3
・サイズが小さい，軽い，重心が低い　・骨盤が広く，大腿部が内側に傾斜，膝との角度がついて不安定　・四肢が身長に比べ短い　・肩幅が狭くなだらか　・肘外反角が大きい　・筋量が少なく，脂肪が多い　・尿道が短い　・乳房が大きい　・皮下脂肪が内臓脂肪より多い

問4
・初経発来が遅れる　・続発性無月経や月経周期異常が多い　・月経痛は軽い　・スポーツのパフォーマンスは月経後 10 日間が最もよい

問5
・月経障害　・摂食障害　・減量による月経異常　・貧血　・骨粗鬆症

問6
・標準体重の −20% 以上のやせ　・食行動の異常　・体重や体型についての歪んだ認識　・発症年齢：30 歳以下　・無月経（女性の場合）　・やせの原因となる器質的疾患がない

問7
時期
安定中期
運動強度
中等度
母体の心拍数
140/分を超えないように
その他の注意点
・激しい運動は 1 回に 15 分を超えないように　・妊娠 4 ヵ月以降は仰向けの運動をさせる　・息をこらえない　・エネルギーをよくとる　・体温が 38℃を超えないように

問8
❶ ホルモン因子，❷ 加齢因子，❸ 遺伝因子，❹ 栄養因子，❺ 運動因子，❻ 生活習慣

問9
・骨吸収亢進の抑制　・日光の曝露によるビタミン D の合成促進　・活動後の食欲増進によるカルシウム摂取の増加により骨粗鬆症の発症予防に役立つ

2. 成長期のスポーツ医学

問1
1. 個人差　個人差　骨　骨　化骨化　障害

問2
激しい運動やスポーツを行っている女子では，初経の発来が遅い傾向がある

問3
・成長・発達の促進に役立つ　・体力が向上する　・精神的発達を促進する　・疲労からの回復力が向上する　・生活習慣病のリスクを減少させる　・危険からの回避能力を向上させる　・生涯スポーツの基礎となる　・ストレス解消になる

問4
運動のペース
病状や体力に合ったペースで運動やスポーツに参加させる
自己管理
定期的にピークフローメータを用いた自己管理をさせる
予防
・運動誘発性気管支喘息を起こしにくいスポーツ（水泳，ゆっくりしたジョギング，スキー，剣道，野球など）を行う　・運動開始 30～60 分前に吸入を行う

問5
食物アレルギーを持っている子どもがアレルギーを起こす食事をした後に運動をしたときに，不愉快な症状からアナフィラキシーショックまでさまざまな症状を起こす病気

問6
・大動脈弁狭窄症　・（閉塞性）肥大型心筋症　・冠状動脈瘤・狭窄（川崎病罹患後）　・先天性冠状動脈異常　・心筋炎　・原発性肺高血圧症，など

問7
1. 年齢，2. 数種目の運動，3. 休養　持続性，4. スポーツ障害　スポーツ障害，5. 食事　精神，6. 健康管理，7. 性格

問8
・診断名　・指導区分　・運動部活動　・許可する運動種目，など

問9
軽い運動
同年齢の平均的児童生徒にとって，ほとんど息がはずまない程度の運動．球技では原則としてフットワークを伴わないもの．等尺運動は軽い運動には含まれない
中等度の運動
同年齢の平均的児童生徒にとって，少し息がはずむが，息苦しくはない程度の運動．パートナーがいれば楽に会話ができる程度の運動であり，原則として身体の強い接触を伴わないもの．等尺運動は「強い運動」ほどの力を込めて行わないもの
強い運動
同年齢の平均的児童生徒にとって，息がはずみ息苦しさを感じるほどの運動．等尺運動の場合は，動作時に歯を食いしばったり，大きなかけ声を伴ったり，動作中や動作後に顔面の紅潮，呼吸促迫を伴うほどの運動

|問10
・育ちがよく，おうようである　・体位が向上し，スマートである　・豊富で未熟な知識と幅広い趣味を持つ　・チグハグで未発達なところがある　・粘りがなく，貧弱である　・知識偏重で，経験に乏しい　・不満が多く，孤独や疎外に陥っている　・表面的で，深部に乏しい　・人任せで，自立性や自主性に乏しい　・自己訓練の精神が乏しい　・困難に立ち向かう気力が乏しい，など
|問11
・禁煙教育　・肥満防止教育　・禁酒教育　・食生活の教育　・休養の教育　・楽しむスポーツの教育　・精神教育　・ドーピング教育，など
|問12
・スポーツに参加する権利　・子どもの成熟度や能力に一致したレベルでスポーツに参加する権利　・質の高い成人のリーダーシップを得る権利　・子どもとしてプレーする権利　・自分の行うスポーツの中で，自らリーダーシップを発揮したり，決定を下したりする権利　・健康的な環境でスポーツをする権利　・スポーツ参加のための適切な準備をする権利　・成功のため（勝利）の努力が平等に得られる権利　・品位を持って取り扱われる権利　・スポーツに喜びを持つ権利

3. 高齢者のスポーツ医学

|問1
1. 上　下　遅筋　速筋
|問2
レジスタンス運動
・適切な呼吸指導のもと，60% 1RM まで　・後期高齢者，低体力者，高血圧罹患者，冠危険因子複合保有者は 40% 1RM 強度から開始
全身持久性運動
・AT レベル　・低体力者は最大酸素摂取量の40%強度から開始

F　内科的メディカルチェック

|問1
❶カテコールアミン　❷スパズム　❸虚血　❹内膜　❺血栓　❻2～6
|問2
❶動脈硬化　❷肥大　❸弁膜　❹心筋炎　❺WPW　❻動脈　❼虚血　❽交感　❾心拍　❿細動　⓫血圧　⓬房室　⓭凝固　⓮スパズム　⓯電解　⓰熱中症　⓱心室　⓲ショック
|問3
若年者
・肥大型心筋症（特に閉塞性）や冠動脈起始異常が多い　・先天的心疾患を持つものが多い
中高年者
・冠動脈硬化性疾患（心筋梗塞）が圧倒的に多い　・脳血管障害（脳卒中）もかなり多い　・生活習慣病に起因しやすいといえる
|問4
・肥大型心筋症　・冠動脈奇形　・心筋炎　・川崎病　・大動脈破裂　・冠動脈疾患　・不

整脈　・心臓弁膜疾患，など
|問5
・胸痛／狭心痛　・増強する疲労感　・消化不良／胸やけ／胃腸症状　・強い息切れ　・耳あるいは頚部の痛み　・不快感　・上気道感染　・めまい／動悸　・強い頭痛
|問6
問診
・家系に突然死があるかどうか　・失神発作や感染症の既往歴　・自覚症状
理学的所見
・胸部聴診（心雑音，不整脈の有無）　・血圧
検査
・一般的血液検査　・尿検査　・画像検査　・心エコー　・心電図，など
運動負荷試験
・トレッドミル　・自転車エルゴメータ
|問7

|問8
・胸痛の診断　・心疾患の治療効果の判定　・心疾患の予後判定　・心疾患リハビリテーションのメニュー作成　・健康維持・増進のための運動処方作成
|問9
A 名称：トレッドミル
指標：傾斜（％），スピード（mph）
プロトコール：Bruce, Shefield, Ellestad, Balke, Naughton, McHenny, Kattus など
B 名称：自転車エルゴメータ
指標：Watts, Kpm
プロトコール：YMCA（男性用，女性用），RAMP 負荷など

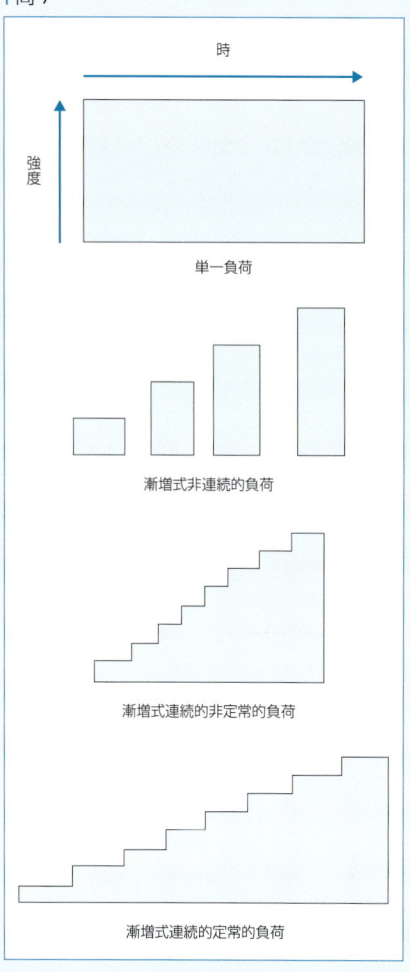

|問10
機器
・酸素吸入セット：酸素ガス，マスク，エア・ウェイ，喉頭鏡，気管内チューブ，アンビューバッグ　・除細動器　・点滴および静注器具セット　・体外式ペースメーカー
医薬品
・亜硝酸薬：ニトログリセリンなど　・抗不整脈薬：リドカイン，プロプラノロール，ベラパルミル，プロカインアミドなど　・強心配糖体：ラナトシド，ジゴキシンなど　・昇圧薬：カテコールアミン，ドーパミン，イソプロテレノール　・利尿薬：フロセミドなど　・迷走神経（副交感神経）遮断薬：硫酸アトロピン　・ステロイド薬：メチルプレドニゾロンなど　・炭酸水素ナトリウム：メイロン　・輸液剤 5%グルコース液，5%キシリトール液など
|問11
絶対的禁忌
・急性心筋梗塞　・不安定狭心症，切迫心筋梗塞　・重症心不全　・重症不整脈（心室頻拍，心室細動，R on T型心室頻拍）　・急性炎症疾患（心筋炎，心膜炎，その他活動期の炎症疾患のすべて）　・解離性大動脈瘤　・大動脈弁狭窄症，大動脈縮窄症（中等度異常）　・閉塞性肥大型心筋症　・重症呼吸器疾患（肺梗塞急性期，肺性心，肺気腫）　・薬物中毒　・精神異常
相対的禁忌
・心室期外収縮（頻発，多源性）　・頻拍性上室性不整脈　・高度徐脈性不整脈（房室ブロック，sick sinus syndrome）　・重症高血圧症，重症肺高血圧症　大動脈弁狭窄症，大動脈弁閉鎖不全症　・僧帽弁狭窄症　・心筋症　・代謝内分泌疾患（糖尿病，甲状腺疾患など：コントロール不良）　・妊娠および妊娠中毒症　・重症貧血　・整形外科的疾患　・後遺症を有する脳血管障害
|問12
自覚症状
・進行増悪していく胸痛　・呼吸困難　・息切れ　・下肢あるいは全身疲労感　・四肢疼痛
他覚所見
・他覚徴候：顔面蒼白，冷汗，チアノーゼ，運動失調，応答不良　・心拍数：年齢別予測最高心拍数到達，心拍数減少　・心電図：ST変化，特定の不整脈の出現あるいは増悪化　・血圧反応：著明な血圧上昇，血圧下降
|問13
・ST変化が重要　・心筋虚血変化の判定に用いられる　・運動負荷による不整脈出現の程度についても観察する　・収縮期血圧の変化を観察する　・異常を認めた場合には，追加の検査を考慮する
|問14
中等度運動
・高リスク有症状者　・有疾患者
激運動
・健常高齢者　・高リスク無症状者　・高リスク有症状者　・有疾患者
|問15
・右鎖骨下中央あるいはやや外側（R）　・左鎖骨下中央あるいはやや外側（L）　・右肋骨弓やや上方（N）　・左肋骨弓やや上方（F）

・第4肋間胸骨右縁（V_1）・第4肋間胸骨左縁（V_2）・V_2とV_4の中間（V_3）・第5肋間左鎖骨中線上（V_4）・第5肋間前腋窩線上（V_5）・第5肋間中腋窩線上（V_6）

| 問16

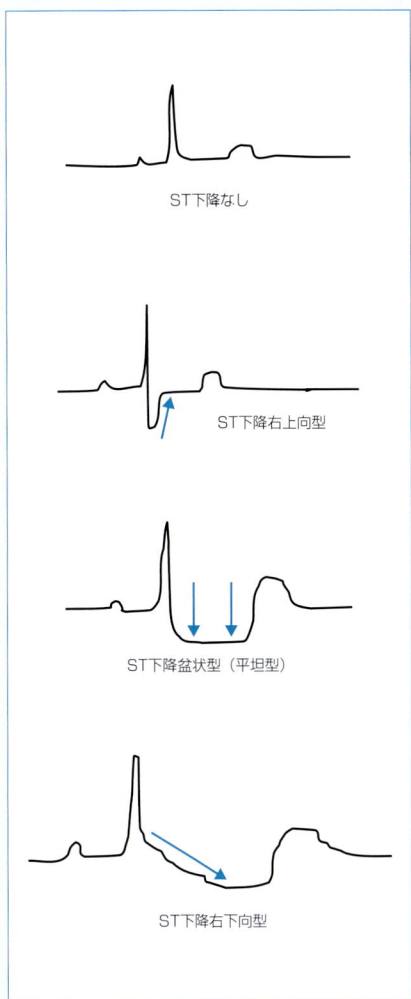

ST下降なし

ST下降右上向型

ST下降盆状型（平坦型）

ST下降右下向型

| 問17
1．ST　虚血　シンチグラフィ　造影．
2．心エコー図　電気生理学的

G ドーピングコントロール

| 問1
・ドーピングはスポーツの基本理念であるフェアプレーに反し，スポーツの価値を損ねる　・競技者の健康に有害である　・薬物乱用の増長や青少年への悪影響があり，社会悪である

| 問2
1．ドーピング検査で禁止物質の使用が証明されること．2．ドーピング検査以外で禁止物質・禁止方法の使用が証明されること．3．正式なドーピング検査を拒否すること．4．居場所情報の未提出や誤った居場所情報で競技会外検査が実施できないこと．5．ドーピングコントロールの改変．6．禁止物質・禁止方法の保有．7．禁止物質・禁止方法の不法取引．8．競技者に対して，禁止物質や禁止方法を使用すること

| 問3
①競技の成績上位者や競技参加者のランダムな抽選．②国際競技連盟または国内ドーピング防止機関が検査配分計画に基づいて決定する．居場所情報提出義務のある検査対象者登録リストに掲載された競技者が多いが，それ以外の競技者も選出される．③禁止表国際基準の「Ⅰ常に禁止される物質と方法〔競技会（時）及び競技会外〕」と「Ⅱ競技会（時）に禁止される物質と方法」に掲載されている物質と方法．あわせて，特定の競技では，「Ⅲ特定競技において禁止される物質」も禁止．すなわち，禁止表国際基準に掲載されているすべての禁止物質・禁止方法が禁止対象になる．④禁止表国際基準の「Ⅰ常に禁止される物質と方法〔競技会（時）及び競技会外〕」に掲載されている物質と方法．あわせて，一部の競技では，「Ⅲ特定競技において禁止される物質」の一部も禁止

| 問4
提出義務のある競技者
国際競技連盟または国内ドーピング防止機関が検査対象者登録リストに掲載した競技者．通常は，競技レベルが一定以上ある競技者が掲載される
提出先
その競技者を検査対象者登録リストに掲載した国際競技連盟または国内ドーピング防止機関
提出方法
所定の用紙あるいは ADAMS に入力
居場所情報提出の不備によって，ドーピング防止規則違反となる場合
検査未了の回数または居場所情報未提出の回数が，競技者を所轄するドーピング防止機関により決定された18ヵ月以内の期間に単独でまたは合わせて3度に及んだ場合（WADA規程）

| 問5
外因性蛋白同化男性化ステロイド薬
もともと体内には存在せず人工的に合成された物質なので，この禁止物質がドーピング検査の検体から検出されれば，体外由来の禁止物質を摂取したことが明らかである
内因性蛋白同化男性化ステロイド薬
体内で産生される物質なので，この禁止物質がドーピング検査の検体から検出されただけでは，体外の禁止物質を摂取したことにはならない．ドーピング検査の検体から検出された内因性蛋白同化男性化ステロイド薬が体外由来であることを判定するためにIRMSなどの分析が行われる

| 問6
・糖尿病　・喘息　・感冒　その他として，鼻炎，花粉症，痛風，高血圧，など

| 問7
・禁止物質または禁止方法を治療として用いなかった場合に，当該競技者の健康状態が深刻な障害を受けること　・当該禁止物質または禁止方法を治療目的で使用することにより，正当な病状治療の後に通常の健康状態に回復することから予想される競技能力の向上以外に，追加的な競技能力の向上が生じないこと　・当該禁止物質または禁止方法を使用する以外に，合理的な治療法が存在しないこと　・当該禁止物質または禁止方法を使用する必要性が，使用当時に禁止されていた物質または方法を，TUEがないにもかかわらず以前に使用したことの結果として生じたものではないこと

| 問8
検査対象の通知
通告を受ける競技者は通告するシャペロンの身分を確認して，正式な検査であることを確認する．未成年の競技者はコーチやトレーナーなどの成人の同伴者を探して，一緒に通告を受けるようにする
通知を受けたことの確認のサイン
競技者は，シャペロンから競技者の権利と義務の説明を受け，書類の記載内容を確認してからサインをする
ドーピングコントロール・パスの受領
競技者はドーピングコントロール・パスを受け取り，頸から下げる．ドーピングコントロール・ステーションに到着するまで，シャペロンの監視下で行動する
ドーピングコントロール・ステーションへの出頭
競技者は，着替えなど必要な所用を済ませて，できるだけ速やかにドーピングコントロール・ステーションへ出頭する．競技者はコーチやトレーナーなどを1名同伴することができる．ドーピングコントロール・ステーションの待合室で尿がたまるのを待つ
採尿カップの選択
競技者は，尿がたまったら，作業室に入り，複数ある採尿カップの中から，1つを自分で選択する．カップが未開封で汚れのないことを確認して開封する
尿検体の採取
競技者はカップを持ってトイレに移動し，同性のDCOの立会いのもとで採尿する．DCOは尿が競技者の体から直接出ていることを目視する
サンプルキットの選択
競技者は尿を持って作業室へ戻り，複数あるサンプルキットのなかから，1つを自分で選択する．キットが未開封であることを確認して開封する．中のAボトルとBボトルも未開封で汚れのないことを確認してから開封する
尿検体の分割／封印
DCOの指示に従って，競技者自身がAボトルとBボトルに尿検体を分注して，封印する
比重の確認
DCOは採尿カップに残った尿で比重を測定する．デジタル比重計で比重が1.005未満の場合には追加の尿検体の採取が行われる
使用薬物の申告
公式記録書に7日間以内に使用した薬剤とサプリメントを申告する．検査に関してコメントがある場合はコメントを記入する
公式記録書コピーの受け取り
公式記録書の記載をすべて確認して，最後に競技者がサインをして，コピーを受け取り，ドーピングコントロール・ステーションを出る